杨松 著

课堂中的智慧

给教师的 **60** 个案例

东北师范大学出版社

长春

图书在版编目（CIP）数据

课堂中的智慧：给教师的60个案例 / 杨松著. —
长春：东北师范大学出版社，2020.7
ISBN 978-7-5681-7059-8

Ⅰ.①课… Ⅱ.①杨… Ⅲ.①中小学—课堂教学—教
案（教育）Ⅳ.①G632.421

中国版本图书馆CIP数据核字（2020）第141230号

□策划创意：刘　鹏
□责任编辑：邓江英　刘贝贝　　□封面设计：言之凿
□责任校对：刘彦妮　张小娅　　□责任印制：许　冰

东北师范大学出版社出版发行
长春净月经济开发区金宝街 118 号（邮政编码：130117）
电话：0431-84568115
网址：http：//www.nenup.com
北京言之凿文化发展有限公司设计部制版
北京政采印刷服务有限公司印装
北京市中关村科技园区通州园金桥科技产业基地环科中路 17 号（邮编：101102）
2022年6月第1版　2022年6月第1次印刷
幅面尺寸：170mm×240mm　印张：11.75　字数：189千

定价：45.00元

序　言

"教育是一项通灵的艺术，海纳百川才能独树一帜"

（代序）

教育学是人学。教育首先要有温度，然后再谈智慧，二者兼善，方成艺术。2017年，基于对教育本质规律的尊重，盐田教育开启了品质提升的新征程，致力于打造"有态度、有温度、有力度、有速度"的教育新样态、新境界。

三年来，盐田教育各项指标持续高质量增长，盐田学子的幸福感、获得感显著提升，盐田涌现出一批在全国产生影响的教坛明星和出现了很多实践创新，并有众多卓有建树的资深教师再绽芳华，其中包括年纪轻轻就已名声在外的杨松老师。他的新作《课堂中的智慧——给教师的60个案例》就是盐田教育百花园中一个生动的坐标。

品读书中这些鲜活的课堂故事，我想起了苏联作家康·帕乌斯托夫斯基的小说《珍贵的尘土》。主人公约翰·沙梅是巴黎的一名清洁工，他想为战友的女儿打造一枝寓意是"幸运"的金蔷薇。他长期收集首饰作坊的尘土，并把这些尘土里的金屑筛出来，日积月累终成一块小金锭。教育何尝不是在无数尘土中筛选出金子，打造自己的"金蔷薇"呢？这是本书带给我的触动与启发，或许也蕴含着整个中国教育生态的意义。

杨松老师面对的是小学生，这是一个特别关键又特别难以教好的群体，当好这个"孩子王"，对教师的综合素养提出了极高的要求。透过这60个案例，我们会自然而然、或多或少地触碰到作者成功的秘诀：多才多艺的基本功、精准拿捏的分寸感、跨界融通的智慧、顺势而为的机警，特别是"人课合一"的洒脱。这启迪我们广大教育同人：教育是一项通灵的艺术，海纳百川才能独树一帜。

22年教育生涯的摸爬滚打，使作者积累了不少有分量的头衔和资历。但教育是一个特殊的行业，我坚信，一名温暖灵魂、唤醒智慧、影响深远的好教师靠的一定不是令人眼花缭乱的证书，而是那些真实生动的偶然"事故"及其个人的创造性、"情趣"性的发挥。这些案例细节既是教师捕捉契机、升华教育的印痕，更是学生渐渐苏醒、邂逅顿悟的灵光，也可以是初上讲台的新教师可资借鉴的经验。

作为一项个人事业，教书育人永远是一片广阔的蓝海。每一位勤勉耕耘、用心付出的教师都会得偿所愿。期待更多的好教师不忘初心，持之以恒地用爱与智慧打造出属于自己的"金蔷薇"。

是为序。

李志利

2019年7月26日于深圳盐田

三尺讲台育芳华

（自序）

课堂永远是充满未知的、千变万化的，正因为如此，它才显得那么灵动，那么迷人……

我喜欢上课，喜欢那种在课堂上和孩子们在一起的愉悦，喜欢投入课堂后那种人课合一的感觉。这和喜欢一个人是一样的，喜欢她，不是因为她外貌美得窒息，抑或气质芳若幽兰，仅仅是因为——喜欢，就是单纯的喜欢。

日子过得总是很快，细细数来，我居然已经将这份喜欢坚持了整整22个年头了。寒暑过往，岁月更迭，从初踏讲台的青涩，到如今任教22载的干练，多少豪情激荡，多少轰轰烈烈，早已褪去铅华，回归平静。时间永远是最好的洗礼，如今剩下的只是生活平平淡淡的真和对教育发自内心的敬与畏。

回想过往，从当年山东淄博体育馆因"量的计量整理和复习"一课而成名，到后来带着"确定位置"等一批创新课例在全国各地进行精彩演绎，仅仅在"上课"这件事儿上，我已然经历了多少刀劈斧凿。从最初见到陌生学生心里就发怵，到现在"给我四十分钟，还你一个精彩课堂"的豪情；从曾经的课堂一出意外就手足无措，到现在巴不得课堂多出点儿状况的大气；从初踏上讲台时对课堂的茫然无措，到后来"带佛性的课"……我想这应该就是"腹有诗书"后的底气和自若吧。做老师真的是一件有趣的事，"我才不想和你做朋友""你能把我咋地？""杨老师，您走光了！"……把这一个个鲜活的课堂"事故"演绎成课堂"故事"，这背后隐藏了多少的智慧与精彩，只有教书人能够明白、体会。

还记得那个为了备战全国大赛，累得在讲台上当场呕吐的我；那个为了能和孩子有共同话题，竟跑去看午夜场动画片的我；还有那个沉醉于"人课合一"的氛围中，衬衫破了，"走光"了还浑然不知的我。是啊，三尺讲台，可以有璀璨夺目的色彩，但那不该是我们所追求的，勤谨不倦的平淡岁月，才是最踏实的从教之路。天下师者，也唯有满怀对教育的热忱，兢兢业业，尽心尽责，方能实现三尺讲台育芳华，桃李芬芳不辜负。

本书收录了我从初踏讲台至今的60个案例，算是对我前20年教学生涯的回顾吧，其中绝大部分案例是我自己的亲身经历，只有极个别几个是我看过，抑或听到的，只因其当初确实触动了我，也就一并收录了。但无论是我亲身经历的，还是所见所闻，我都极力用最朴实的文字去记录它们。如此一来，也许文字上不那么笔酣墨饱、沉博绝丽，但我还是让它保持这份原始与朴实，因为我不是在写文学作品，我就是一个普通的教育实践者、观察者和记录者，记录下这60个案例的初衷就是给在教学上正迷茫的教师一点启示，而如果真能这样，我的目的也就达到了。

最后，要感谢我的领导李志利局长，感谢他在百忙之中拨冗为此书撰序。还要感谢刘洁美、钟琼、肖英、刘雨静、张波、李嘉裕、崔晓莹、魏前景几位老师，他们在书稿最初的校对时给予了我莫大的帮助，一并致谢！

杨 松

2019年4月15日于深圳

目　录

下篇　课后的情和趣

上 篇

课前那点事儿

作为一个经常在外"走穴"的教师（原谅我盗用了时下娱乐圈的流行词汇），借班上课是家常便饭的事，而多年的经验也让我深知这其中的不容易。于教师来说，面对的是完全陌生的学生，他们的知识基础、思维品质、表达习惯等我们都不熟悉，这对于上公开课确有很大的挑战性。于学生而言，师生之间关系不熟悉，教师授课方式不习惯，陌生的新环境，特别是公开课大多是在会议室甚至是体育馆这样不同于平常授课教室的大场所举行，还有成百上千的听众，这些都会让学生心理紧张，甚至恐惧和不安。这样一来，一名有经验的教师，如何充分利用课前几分钟，快速和学生沟通，营造宽松、和谐的学习氛围，消除学生的紧张情绪，使其尽快进入学习状态就显得尤为重要。

这么多年"走南闯北"，自己曾经用过，抑或看到别的教师用过的课前调动氛围的"招数"不胜枚举，现摘录一二，希望对在教学上正困惑的您有帮助。

第一例

课前"废话"的秘密

——借班上课，第一印象的重要性

多观摩名师的经典课例有助于一线教师提升自己的课堂教学能力，这一点毋庸置疑。而但凡细心的教师在大型教研活动中观摩名师课例时都会发现一个现象，那就是几乎所有的名师在上大型公开课之前，都会充分利用课前的几分钟积极和学生"套近乎"，或闲聊，或相互介绍，或做游戏激发兴趣，等等。听起来似乎也就是一堆"废话"，絮絮叨叨，磨磨叽叽，可咱们的名师却乐此不疲，聊得不亦乐乎。名师这唱的究竟是哪出？长期以来很多年轻教师都问过我这个问题，其实有借班上公开课经验的老师都知道，名师行此举的目的无非是想利用课前这几分钟的"唠叨"和"磨叽"，拉近和学生的距离，营造轻松愉悦的课堂氛围，建立和谐民主的师生关系，以消除学生面对陌生上课老师、陌生上课环境的紧张情绪而已。但我们很多不明就里的教师却以为这就是名师上课前的"废话"，没什么玄机，甚至还颇有不屑一顾之感，殊不知这其实正好反映了名师之所以被称为名师的过人之处——那就是长期的经验积累让他们深谙在公开课场合，消除师生的距离感、营造轻松和谐的学习氛围对公开课的成功至关重要。

　　以下是我在一次大型教研活动上执教"圆的认识"一课时，课前与学生见面的谈话实录：

　　"同学们好！知道怎么称呼我吗？"我微笑着问道。

　　学生回答："不知道！"

　　孩子总是最诚实的，毫无掩饰，好在还有少数孩子比较给面子，举起了手说知道。

　　我指一学生："那你说说怎么称呼我？"

"杨松。"孩子回答。

果真是童言无忌，孩子毫无顾忌的回答引发在座教师的哄堂大笑，他也跟着尴尬地笑了。

我缓步走到孩子身边，轻轻拍了拍他的肩膀，示意他不必紧张，然后继续问道："杨松是我的名字，那大家应该怎么称呼我？"

"杨老师！"他羞涩地回答，可能是还在为自己刚才的冒失感到不好意思。

我故作惊讶："你是怎么知道我名字的？"

孩子手指投影屏幕上的课件画面，答道："那里！"

"你是一个细心的孩子！爱观察、会观察也是学习的好习惯，希望你能把这份细心用到今后的学习中，好吗？"我鼓励道。

孩子果断回答："好！"

"同学们，咱们今天是第一次见面，那你们对杨老师第一印象怎样？"我继续问全班学生。

"杨老师长得很帅！"一个小男孩调皮地拍着马屁。

"你真会说话，你长得也挺帅的。"我礼貌地回应着男孩的吹捧。

接下来孩子们有说我幽默的，有说我亲切的……课堂俨然成了我的个人表彰会。一个个小机灵鬼都挺招人喜欢，尽拣好听的说，整个会场的氛围顷刻间也被调动得活跃了起来。

忽然一个孩子高呼："杨老师长得像一个明星！"

我故作惊讶："啊？像谁呀？"

"田亮！"

"哦，原来是奥运冠军田亮啊，老师可没他那么帅，不过很多同学都关注娱乐明星，而你关注了体育明星，老师猜你一定很喜欢体育，是吧？"

"是！"

"那关于杨老师，你们还想了解什么呢？"

"老师，您多大了？杨老师，您结婚了没有？老师，您是什么星座的？……"

孩子们叽叽喳喳问个不停，而我也乐此不疲，一一回答。

在外行看来，课前这宝贵的十分钟，师生就这样絮絮叨叨，啰里啰唆，磨磨叽叽给瞎聊过去了，真是浪费时间！没一句是和教学内容有关的。但看着孩子们兴奋的样子，特别是那一双双闪着智慧光芒的眼睛，还有举得高高的争取表现机会的小手，我自己心里却十分笃定：这堂课，没问题了！

借班上课，师生见面的"第一印象"非常重要，在初次见面时，就把自己成功地介绍给学生，使学生能够接纳自己，同时迅速调动起课堂氛围，是上好一节公开课的前提。多年的经验告诉我，与教师有关的信息是学生最感兴趣的话题，不管是对老师的姓名、年龄、星座，还是老师的形象，甚至老师的一些个人隐私，他们都有强烈的好奇心。这个案例中，我只用了三个问题：知道怎么称呼我吗？对杨老师第一印象怎样？还想知道杨老师什么？顺势而为，把自己完全"暴露"在学生面前。而通过"暴露"自己，我激发了学生对教师进一步了解的兴趣。学生在此过程中，也消除了紧张的情绪，走进了我有意营造的愉悦氛围中，继而产生一种给他们上课的并不是"陌生人"的感觉，这也就为接下来的课堂师生交流扫除了障碍。

由此可见，好奇心是兴趣的先导，是人们探求新知、认识世界的动力之一，对于形成动机有着重要的作用。如果课前几分钟我们能让学生对教师产生"好感"，并被教师的独特魅力吸引，那么教师接下来的教学自然也就能水到渠成。

第二例

你的梦想是什么?

——"课前谈话即新课引入"

我一向认为,最好的课前谈话就是将谈话内容与教学内容紧密联系起来,让谈话为教学服务,起到渗透、点拨、诱发的作用。简言之,就是要追求"课前谈话即新课引入"的效果。这样既能达到课前谈话消除学生紧张情绪、活跃课堂氛围、建立和谐师生关系的目的,又比较有课堂效率。让这些课前"废话"成为新课引入的一部分,可谓一箭双雕。

"生活中的负数"一课十分强调生活性,教材从温度等日常生活现象入手,层层递进,逐步带领孩子们走进负数的世界。而如何自然而然地从简单的课前对话引入正负数,是我当时煞费苦心思忖的一件事儿。几经打磨,多番修改,最后才有如下呈现。

师:同学们,咱们每个人从小都有自己的梦想,今天谁愿意向大家说说你的梦想是什么?

生1:我的梦想是做一名科学家。

生2:我的梦想是做一名模特,或空姐。

生3:我的梦想是做总统!

……

师:同学们的梦想都很了不起,老师从小也有自己的梦想,想知道吗?

生:想!(兴奋地)

师:告诉大家一个秘密,老师从小除了想做一名出色的教师外,还想做一名播音员。

生(诧异):啊?!

师(故意卖关子):而且是中央电视台的播音员!

生：哇！（充满兴奋、惊奇、怀疑……）

师：不相信？那要不要我现场播一段新闻给你们听听？

生：要！！！

师：想听新闻，没问题。不过老师有个小小的要求，那就是一会儿在我播报新闻的过程中，你们一定要认真听，然后用自己喜欢的方式将你们从新闻中听到的数据记录下来。新闻播报完后，我们一起来看看谁的记录方式最特别、最有趣……

接下来我开始学中央电视台播音员播报新闻：各位观众，大家上午好！您现在收看的是中国中央电视台《新闻联播》栏目，首先我们来看一则体育方面的消息……

我的"装腔作势"引来了全场的笑声，也激起了孩子们的兴趣。他们一个个笑眯眯地盯着我，手里的笔拼命地记录、描绘、标记着新闻中的数据。

新闻播报完毕后，我顺势引导孩子们在对比中得出结论：在生活中，我们用"+"和"-"来记录数据最方便、最快捷。最后引出课题——生活中的负数。

纵观整个流程，从课前不经意的谈话，到课题的自然引入，不刻意做作，自然而然，浑然一体，看似是课前谈话，其实已经开始了新课，我想这应该就是我们要追求的课前谈话的最好方式。

在课前谈话与课题引入的契合度方面，上面这段课前谈话设计是众多经典课例中我比较满意的一个。整个过程，我始终坚持充分尊重学生的个性发展和自我感受，再配以幽默的语言，使得课堂稚趣盎然，充满了活力与生机。这一课前引入环节，看似冗赘，实则使课堂气氛真正活跃了起来，学生在兴奋、惊奇、质疑、有趣等科学因素的引导下积极地参与互动，课堂自然也跟着活了。此外，让学生在自我运作中锻炼能力，在自我评价中进行知识的筛选和对比，彰显了其灵性，张扬了其个性。学生智慧的火花四处飞扬，一张张鲜活的面孔，一个个让人意想不到的"金点子"在课堂上涌现，真正体现了课标"人人学数学，不同的人学不同的数学"的思想。关键一点，课前谈话和新课导入自然地融合在一起，分不清哪里是谈话，哪里是新课导入，浑然不觉中实现了二者的高度统一，节约了时间，避免了正课部分因导入时间过长而显冗长的尴尬，可谓"踏雪无痕，润物无声"。

第三例

我是女生！

——力挽狂澜，姜还是老的辣

以下是我执教"生活中的负数"的另一次经历。

记得那一次是作为某地区的讲师团专家到基层送课，计划给当地的教师上"生活中的负数"一课，会场安排在当地镇中心小学的阶梯教室。当我们到达现场时，教师们已经挤满了整个会场，连过道里都加了凳子。不算太大的阶梯教室内黑压压坐了二三百人。教师们求教的急切之心让我们每一位讲师团成员都为之感动。

迅速做好课前准备后，我示意组织人员可以叫学生进来了。

两三分钟后，让我终生难忘的一幕出现了，只见一位中年女教师表情严肃，似女将军一般威严地喊着口令"一二一！一二一！"，带着一班孩子竟是"踏步"而来！

好家伙！但见孩子们一个个昂首挺胸，似军人般迈着整齐的步伐，踏起阵阵灰尘，迎面而来。教师昂扬的口令声响彻整个教学楼。

看到这阵势，我当下心里一紧，暗道："今天完了！"

因为但凡有点儿一线教学经验的教师都深知，凡是有如此阵势的班级，班主任老师平时带班肯定是军事化管理，特别严格，特别死板，学生的天性被压制得很厉害，给这样的班级上课，要想课堂活跃，那简直是痴心妄想、难比登天。

果不其然！当孩子们从我身边经过时，我主动示好，和他打招呼："同学们好！"边说还边展示着自己招牌式的微笑向他们招手。可尴尬马上接踵而至——压根儿就没一个孩子搭理我！他们一个个自顾自地继续昂首向前……

"完了！完了！"绝望的声音再次在心底响起。

但随后我转念一想：我可不能把自己的招牌砸在这儿啊！课前十分钟！对！抓紧利用课前十分钟扭转乾坤，这是我现在必须也是唯一能做的！

关键时刻，经验给了我勇气和斗志！

"同学们好！"

"老师好！"（斩钉截铁，一点儿不拖泥带水）

"老师先做一个自我介绍，我姓杨，来自某某小学，我平时最喜欢和我的学生聊天和看书，今天的课将由我与大家共同完成。我听说咱们某某中心小学的孩子都很厉害，学习都是棒棒的！是吗？"

学生集体沉默，无人应答。课堂陷入小尴尬中。

我深吸了一口气，强颜欢笑，无奈地继续道："看来大家都很谦虚啊。这样，为了更好地了解彼此，哪位同学也能像杨老师刚才一样，带头做个简单的自我介绍，让我们全场的老师都认识你？"

课堂再次寂静，无人举手。

现在回想起来，我当时尴尬和绝望的心情正应了仓央嘉措在诗里写的那句话：你问或者不问我，我就在那里，不理不睬。

我强打精神，再次无奈地自我解嘲道："嗯，看来同学们不仅谦虚，还都很腼腆。那这样，我换个问题，同学们爱玩游戏吗？（扫了一眼，还是没人搭理我）我这里有一个非常好玩的游戏，谁愿意上台来和老师一起玩？"

我心想，游戏是孩子们最喜欢的了，这下总该有人回应了吧？

可尴尬仍涛声依旧，还是没人搭理我。

此时，我明显感觉整个会场的氛围已经降到了冰点，台下的老师们已经七嘴八舌开始悄悄议论起来……

"我这个游戏真的非常非常好玩哦，没人愿意试试？"我继续鼓励孩子们，但我知道这已经是我最后的垂死挣扎了。

终于，在我即将放弃的一刻，曙光乍现！我发现坐在最后一排的一个胖乎乎的小男孩手在桌子上稍微举了一下，然后又放了下来……

游戏终归是孩子的天性，掩不住的！

我走到那个男孩儿身边："这位同学，老师接下来这个游戏可好玩了，你愿意配合老师先玩一局吗？我向你保证，真的非常非常好玩。"

男孩犹豫了一下，终于抵挡不住我的"诱惑"，怯生生地点了点头。

我挽着孩子的手，把他领到讲台上："同学们，今天咱们上课的内容和'相反意义'有关，咱们就来玩一个'说反话，做反事'的游戏。规则很简单，我说什么，做什么，台上的同学就说和我相反的话，做和我相反的动作。这位同学，你明白了吗？"

男孩点点头，示意明白了！

"今天教室里人真多！"游戏开始，我率先说了一句简单的。

男孩很配合："今天教室里人真少！"

"我向前一步走。"看孩子明白游戏规则了，我就边说边往前走了一步。

"我向后退一步。"男孩学着我的样子，边说边向后退了一步。

我继续："我向左扭三圈。"（没办法了，我也豁出去了！故意把自己的老蛮腰狠狠地扭了三圈。）

"我向右扭三圈。"男孩把自己的小屁股也使劲儿扭了三圈。

他有些胖，圆墩墩的小屁股扭起来特别憨厚可爱，会场里的教师见状忍不住笑起来了，而下面的学生居然也笑了！

难得！太难得了！我终于听到了那久违的、祈盼的笑声。而孩子脸上也逐渐露出了孩子本该有的天真可爱的表情，他们不再是冰冷的钢铁战士。

我知道，冰，开始融化了。

于是我趁热打铁，故意"发难"："我是男生！"

男孩很不情愿地回答："我是女生！"

"哈哈哈哈哈！"教室里一片笑声，孩子们肆意地笑、欢快地笑、毫无顾忌地笑，笑得前俯后仰，笑得捂着肚子，笑得花枝招展……

我暗道："成了！"随即开始了新课的引入……

课后，那个带队的"女将军"告诉我："杨老师，这个班的学生从来没有像今天这样活泼过，原来我还真没发现他们如此聪明，你问的问题都是有难度的，他们居然都能回答，看来还是我们老师自己的问题啊，名师就是名师啊！向你学习！"

课后评课时，更有现场的教师发出感叹："今天这样的状况，要是我遇到，肯定是死定了，可杨老师却能如此轻松、如此完美地处理过去，姜，还是老的辣啊！"

时隔多年，今天再回忆起那天的场景，我心里仍不禁犯怵，我见多了学生沉闷不配合的情况，但如此极端的却很少见。好在最终铸就的是一段课堂佳话，而不是一次教学尴尬。当然，从这个案例中，我们更应该明白的是：教学本身就是一项创新性极高的事。如果我们总以"想当然"的态度，认为每一节课，每一个学生都该这样，抑或都该那样，那我们真真是想多了！每一个学生都是一个鲜活的个体，他们不可能完全按我们所设计的模式去配合我们。我们总用墨守成规的思维去面对日新月异的知识更替，总用一成不变的方法去教不断变化的学生，那是万万不可行的！因为哪怕是同一个知识内容，也会因为每一堂课教授对象的不同、教授时间的不同、教授环境的不同而不尽相同。课堂，每天都在不断上演着我们意料不到的教学故事，就算是同一个学生，他今天的状态也不可能就是明天的状态。所以我们唯有带着一颗处变不惊的心，一颗蕴含着满满的爱和不轻言放弃的执着的心，去对待发生在我们身边的每一件教育小事，这样才能留下值得我们回忆的一幕又一幕往事……

此外，本案例还有三点值得借鉴：一是处乱不惊，沉着应对。并不是每一次的教学都能完全如我们之意，当遇到一些突发的、特殊的、紧急的、意料之外的情况时，我们不能自己乱了阵脚，要处乱不惊，沉着应对。二是广泛涉猎，合理取舍。每一位为人师者平时都应该多收集、多设计、多储备一些应急的"金点子"，以备突发状态下择机使用，突破僵局。如本案例的"说反话、做反事"游戏，正是抓住了游戏是孩子的天性，孩子都喜欢做游戏这一特点，寻找到了突破口，继而通过游戏激发孩子兴趣，满足孩子好玩、好奇、好动、好胜等心理需要，不仅活跃了课堂氛围，打破了僵局，还达到了和接下来的教学内容"一般用正负数来表示一对具有相对意义的量"这一知识点的完美契合，为教学埋下伏笔，做好铺垫，可谓一箭双雕。三是尊重规律，以人为本。作为孩子成长的引路人，我们应该尊重孩子的天性、尊重孩子成长的规律。"立规矩"固然重要，但不应过多、过于严厉、过早地压抑孩子的天性和人为地改造他们。如案例中这个班的带班教师，过早对孩子们施行军事化管理，就是极大的教育错误。兴许如他们当初所说，选出来给我们讲师团专家上课的班级都是全年级最好的班级，我也相信这个班在学校肯定是"模范班"，但如此"模范"有何意义？实在不该提倡。

这也让我想起了当年这个区的另一个被相关部门推崇的"模范教师"，当时甚至还号召全区教师向这位教师学习，推崇的理由就是这位女教师在训练孩子回答问题声音响亮这一点上特别有"建树"。我们承认当下很多孩子回答问题时唯唯诺诺，紧张没自信，小声小气，闷声闷气，说什么都让人听不清。我们也必须承认这和我们对学生学习习惯的培养不到位有莫大的关系。但任何事情总有个尺度和限度，过犹不及往往适得其反。

　　在一次区组织的教学观摩活动中，我亲身感受到了这位教师对孩子的"训练有素"。她所带班级学生回答问题时，那声音确实很"响亮"。虽说是在大礼堂上展示课，但她和孩子们都不用话筒，甚至孩子们在读题时几乎都是喊的，如地动山摇。我当时一看这状况就皱眉了，数学课如此也就罢了，我很难想象孩子们把如此"好习惯"带到语文课上，用这样"响亮"的声音去喊诗仙李白的《静夜思》，去吼朱自清老先生的《荷塘月色》，该是怎样的一番景象。再说，小学阶段的孩子，身体各个器官都还在发育成长阶段，这样喊下去，嗓子能受得了吗？这班孩子将来长大了还有几人能唱歌？转念又一想，兴许能唱？原生态唱法？但随即又否定了自己，因为原生态貌似也不是这样的。

第四例

杨老师有"一只"水汪汪的大眼睛

——巧设课前游戏，为新知教授埋下伏笔

我一直认为，能让课前几分钟的谈话既起到消除紧张、活跃课堂氛围的作用，同时又对理解新课中的知识点有所助力，那从课堂效率的角度来说，这就是最佳的课前谈话。

我执教的"用'数对'确定位置"一课的操作环节比较多，以往如果课前时间比较紧张，我就会直接利用这个时间，开门见山交代课堂上一些重要的动手操作环节的内容，为新课扫清障碍，免得新课教学过程中要花费很多的时间强调操作要求。但这样一方面浪费了时间，拖慢了课堂节奏，另一方面也会给人课堂很烦冗的感觉。于是我改用在课前做"用'一'字开头的量词形容杨老师的五官"这样一个小游戏的方法，让孩子们在游戏中先感知"对"的意思，为理解"数对"埋下伏笔。

"同学们，今天是大家第一次见到杨老师，谁说说对杨老师的感觉怎么样？"

"我觉得杨老师很亲切。"

"杨老师很幽默。"

"杨老师很帅。"

……

孩子们七嘴八舌，说什么的都有。

听大家这么一说，我忽然觉得挺自信的，看来我在大家心中的印象还不错嘛。"那现在谁愿意用'一'字开头的量词形容一下杨老师的外貌？比如杨老师有'一张'漂亮的嘴巴。"我边指自己嘴巴边说，语气重点加强了"一张"。

"杨老师有'一个'大大的鼻子。"全班大笑。

我调侃道："老师鼻子还算正常吧，再大就成牛鼻子了！"全班又是一阵大笑，课堂气氛开始高涨。

"杨老师有'一只'水汪汪的大眼睛。"

全班鼓掌，似乎很认同。我则故作惊讶："啊？！我只有一只水汪汪的大眼睛？那我不成'独眼龙'了？"全班哄堂大笑，忽然明白了"一只"大眼睛的说法不妥。

"杨老师有'两只'水汪汪的大眼睛。"有孩子赶快补充到。

"不对！老师说了必须用'一'开头的量词！"有孩子反驳。

"杨老师有'一双'水汪汪的大眼睛。"站起来的孩子突然醒悟，纠正说法。

"'一双'，这个词用得真好，能换一个词，意思还是两个吗？"

"一对！"

"太棒了！完整地再说一遍我听听。"

"杨老师有'一对'水汪汪的大眼睛！"孩子们齐声回答。

"在生活中，我们常用'一对'这个词来表示两个，大家牢牢记住这个生活经验，一会儿咱们的新课中说不准会用到这个生活经验。记住了吗？"

"记住了！"

"上课！"

以上便是我执教"用'数对'确定位置"一课时的课前谈话。我通过一个小小的游戏，给学生埋下"一对，通常就是指两个的意思"这一伏笔，继而在新课教授"数对"这一概念时，使学生更容易理解——数对，顾名思义，首先指的就是"两个数"这一概念的外显特征，真正做到了课前谈话为教学内容服务，大大提高了课的实效性。

杨老师的"陷阱"

——3+2-5×0=?

课前，当我们调动起学生的情绪，使课堂气氛活跃起来后，如何让孩子避免过度亢奋，在可能是"假象"的热闹氛围中回归"理性"，真正全情投入课中，是我们值得思考的又一个问题。

"3+2-5×0=？"这个口算题是我在课前谈话中每每感觉学生过度亢奋时，经常使用的"冷却剂"。

"同学们既然都这么厉害，那老师出一个口算题考考大家。敢迎接挑战吗？"

"敢！"

"我这个题很难的哦，真的敢？"

"真的敢！"

"真的很难哦，确定真的敢？"

"确定！"

"好！那请问同学们，3+2-5=？"

"0！"

全班都在窃喜题目竟如此简单，还有学生私下偷偷说："老师骗人的"。

"还敢迎接挑战吗？"

"敢！"

尝到了第一题的"甜头"，这一次孩子们比上一次更自信，更坚定！

"这一次难度真的加大了哦。真的敢？"

"敢！"

"那请问同学们，3+2-5×0=？"

"0！"

全班学生几乎想都没想就整齐划一地给出了答案，但兴高采烈的孩子们竟全然不觉自己已经掉进了我精心预设的"陷阱"里，而下面的听课教师有反应过来的，也开始笑了起来。

"确定？真的是0？有不同意见吗？"我暗示道。

"确定！0！"

"真的确定？就没有别的答案？"

我再次暗示。

此时，一部分学生还是坚持答案是0，但极少数学生开始犹豫并小声议论起来。

"好像不对，应该是5吧？"一个个孩子发现问题，但没自信举手。

"是的哦，要先乘除后加减……"一旁的其他孩子也发现了问题。

终于有学生站了起来。

"我有不同的意见，我觉得答案是5！"

孩子们有的诧异，有的好像也感觉到不对，开始思考……

"哦？终于有不同意见了，那你说说为什么是5。"

"四则混合运算要先乘除，后加减，$5 \times 0=0$，$3+2=5$，$5-0=5$，所以答案应该是5。"孩子解释道。

"其他同学听清楚了吗？"

其余学生恍然大悟："听清楚了！"

我借机引导："同学们，看来啊，抢到回答机会是一回事，能不能答对可又是另一回事啊！咱们学数学，最主要还得靠细心。所以一会儿上课时，一定要认真听清老师的问题，仔细思考后再给出答案，这样才不浪费抢到的表现机会，明白了吗？"

孩子们高声回答："明白了！"

"好！上课！……"

课堂无小事，看似简单的一个口算，也蕴含设计者的无限智慧，所以说课堂中的事真是值得我们教师去好好琢磨。而从此案例中，我们起码要知道：课堂的"热"，必须是有理性、有节制、有艺术的"热"，如果只是表面的热闹，而毫无思维含量，那样只是虚张声势，没有实际的意义。那样的课即便是

"热"起来了，但热得毫无价值；学生也"活"起来了，但活得流于表面。那样的课没有思考的成分，没有知识的含量，顶多也就是江湖卖艺赚个吆喝，反而失去了课堂本应有的学科性和美感。本案例中，以一个常见的、简单的口算题3+2-5×0=？层层"挖坑"，目的就是让孩子们明白，"热"的同时，还必须保持头脑清醒，不能晕了头，转了向。引导学生把情绪上的"热"度转移到知识上和思维上，并且这一切还是紧紧围绕着"数学题"展开的，这才是数学教师应该有的姿态，也才是数学课前谈话应该坚持的数学味道。

第六例

你更喜欢谁？

——大家上课，未成曲调先有情

曾有幸听过著名语文特级教师王崧舟老师执教的"万里长城"一课。王老师不愧是大家，课前短短几分钟，尽显语言的幽默风趣，以其随时迸发的教学智慧与灵感，让课堂充溢着愉悦与灵动……

以下是课堂实录：

师：喜欢王老师吗？

生：喜欢！（一部分不说话）

师：真是对我"一见钟情"啊。（好多学生很不好意思地笑了）

师：你们的语文老师姓什么？

生：姓李。

师：比一比，我和你们的李老师有啥不一样呢？

生：您胖一些，我们李老师瘦一些。

师："瘦"这个词李老师不一定喜欢，叫"苗条"她就高兴了。

生：您是男的，我们李老师是女的。（大部分学生笑）

师：你还别笑，这一点一眼就能看出来。（学生大笑）

生：李老师不戴眼镜，您戴眼镜。

生：您的性格比较幽默，李老师比较温柔。

师追问：你比较喜欢哪一个呢？

生：我两个都喜欢。

师：你是一个都不得罪啊。（全班学生笑）

师：刚才说了不一样的地方，大家再看看我和李老师有哪些地方一样呢？

生：你们都是老师，都有五官。

师：这话我听得怎么这么玄乎。（全班学生大笑）

生：你们的教学目的都一样，就是培养好学生。

师：这话我听着好像吃了蜜似的。

师：还紧张吗？

生齐答：不紧张了！

师：上课！

……

大家就是大家！看似平平无奇的闲聊、话家常，却字字蕴含珠玑，处处彰显幽默、智慧与灵动。寥寥数语，却犹如春风化雨架起了师生之间情感沟通的桥梁。润物无声间，师生的情感得以融合和升华。孩子们在和谐的氛围中消除了紧张情绪，迅速融入课堂教学。确如某教师赞叹所言："转轴拨弦三两声，未成曲调先有情。"

在一次学术报告会后有幸和王崧舟老师合影

把"唠叨"放在课前

——探究型课，要求太多，课前要交代

《义务教育数学课程标准（2011年版）》（以下简称《课标》）执行以后，我们欣喜地看到课堂正朝着"以学定教"的方向发展，课堂上留给学生的时间、空间更多了，小组合作等探究性学习方式正为大多数教师所推崇。但一提到小组合作，一提到合作探究，很多教师就会捏一把汗，原因是这一类课例的操作性强，合作探究环节很不好把控：探究活动的规则交代不清楚，学生无所适从，探究没效果；要交代清楚，势必要花很多时间，说很多的话，导致课堂效率大打折扣。就拿小组合作来说，光分组就是一个考验教师的事。多少人一组？谁做组长？组内如何分工探究？小组内何人以何种方式汇报？等等。这些问题都必须做到指令明确，想想就不容易！其时，如果能很好地利用课前几分钟的时间，将很多需要交代的规矩、规则提前交代清楚，必然能在课堂中留下更多的时间让学生进行知识探究。而课堂中少了这些"唠叨"，也会使我们的教学更加简练、干脆，不拖泥带水。下面是我执教"用'数对'确定位置"一课的课前谈话。

师：同学们已经看到了，今天来听我们课的老师很多，为了让每一位老师都能领略我们四（3）班同学的精彩表现，该怎么办？

生1：要坐端正，认真听讲。

生2：要积极举手发言，回答问题声音要响亮。

师：说得真棒！这么大的会场，声音传递确实是个问题。现在请看（师走到其中一组学生前拿起话筒），工作人员只为每个小组配备了1只话筒，怎么办？

生3：轮到谁回答问题，就把话筒传给他。

师：真棒！大家再看自己的桌面，老师为每个同学都准备了三张探究单，

分别是：探究一，找朋友；探究二，填数对；探究三，猜字谜。都看到了吗?

学生听到提醒后，都快速地检查起来，有缺漏或重复的，我也迅速给予补齐。

师：这三张探究单一会儿上课时能帮助我们更好地探究今天要学习的知识，所以现在咱们先别着急去做，一会儿到需要用的时候，老师会提示你们，好吗?

生（全体）：好!

师：说到探究，小组合作很有必要，三人行必有我师嘛。那咱们这样：第一，一会儿要小组合作的时候，咱们就前后4人为一个小组，OK?（生：OK!）第二，每个小组要有组长和记录员，现在各小组自己选定。（学生商量）第三，小组向全班汇报探究成果时，用什么方式汇报，由谁汇报，每个小组成员用半分钟的时间商量一下自己在小组里该做什么。（学生商量）

师：都准备好了吗?

生（全体）：准备好了!

师：上课!

……

课后感悟：在课前不厌其烦地讲解了上课时的注意事项，特别是让学生"用半分钟的时间商量每人在小组里该做什么"这一设计，其实是"别有用心"的。这样的安排，一方面保证了课堂各环节的流畅顺利；另一方面，也使学生有了一个明确的方向，知道上课时自己该做什么，从而保证了课堂教学效果。

试想，上面那么多需要交代的事项，如果我们每一项都放到课堂里再安排，那课堂教学又会有怎样的效果呢?

第八例

孩子们，紧张吗？

——准备时间不够，调动气氛来凑

课前谈话的重要性无须赘述，但因为种种原因，往往连课前十分钟的谈话时间也不能保证的情况也时常有之。

记得有一次我应邀去成都讲课，由于飞机晚点，当我一路飞奔赶到会场时，前来听课的教师已经等候快一个小时了。如此状况，如何在短短一两分钟内快速让自己和孩子进入上课状态，就显得尤为重要，这的确是在考验执教者的真功夫。

快速准备好教具，分发了学具，深呼吸，稍稍稳定情绪后，我示意主持人"OK！"

主持人做了简单介绍后，我接过话筒。

师：各位老师，同学们，非常抱歉，由于飞机晚点，让大家久等了。同学们，咱们今天上课的环境和平时可真不同。大家看看有什么不同？

生1：教室很大！人很多！

生2：平时没那么多老师来听课。

师：这么多老师来听课，紧张吗？

生3：不紧张！（个别同学说紧张）

师：说不紧张的同学都是胆儿大的，好样儿的！那有没有什么好经验让紧张的同学不紧张？

生1：把台下老师都看作稻草人就不紧张了。（台下老师笑）

师：嗯，这办法听起来不错，不过就不知道台下老师愿不愿意了。（老师笑）

生2：深呼吸就不紧张了。

师：这个办法我看行，咱们一起试试？

（师生一起深呼吸）

师：还紧张吗？

生：不紧张了！

师：上课！

……

课后感悟：短短两分钟不到，我紧紧围绕是否紧张这一问题，迅速带孩子进入课堂状态，既简单明了，又达到了目的。由此可见，上课前如何与学生沟通，选择怎样的沟通方式，要因时而异，因地制宜。但有一个共同点，那就是师生之间的沟通和交流都是在不经意间完成的，如前面所说的话家常、聊心事一般，彼此要没有心理负担。

第九例

课前戴"高帽"

——课前表扬，拉近和孩子的距离

列夫·托尔斯泰曾经说过："称赞不但对人的感情而且对人的理智也起着很大的作用。"每个人都渴望得到别人的称赞与赏识，尤其是学生。教师如果在课前能抓住学生的这一心理特点，营造适合调动课堂氛围、激发学生求知欲望、引发知识迁移的教学情境，无疑会对接下来的教学产生积极的影响。以下是我在很多公开课场合常用的课前激励策略。

师：来之前我就听很多在咱们五（2）班上过课的老师说，五（2）班同学在课堂上的表现都非常棒。是这样吗？

生：是！（一部分不敢说话）

师：嗯，看样子有的同学很有自信，相信自己是最棒的；而有部分同学可能认为自己还不够棒，所以没有回答。那五（2）班的全体同学，今天咱们有信心成为最棒的吗？

生：有！（极少数学生不回答或小声回答）

师再追问：这声音听起来信心还不太够，再次告诉我，有信心吗？

生：有！（整齐、洪亮回答）

师：那谁能告诉大家，一会儿课堂上怎样做才能成为最棒的那一个？

生1：认真听讲，积极发言。（师表扬）

生2：回答问题声音要响亮。（师：还有吗？）

生3：小组成员要互相合作。

……

师：刚才大家说得都非常好！现在告诉我，最棒的你们都在哪里？

（生招手：在这里！）

师：好！那咱们开始上课！

你们是最棒的吗？有信心做最棒的吗？怎样才能成为最棒的？最棒的你们在哪里？四个小问题，看似漫不经心，但寥寥数语，却层层递进感染着学生的情绪，一步一步激发学生的自信心和上进心，使学生自我实现的幸福感、自尊心和自信心大大增强，平等和谐、轻松愉悦、积极向上的学习氛围得以形成，为接下来的课奠定了情感基调。学生不断提升的积极性、主动性也为接下来的课扫除了诸多障碍。

举手，也有讲究

——"如何举手"，引爆课堂氛围

课前几分钟的调控不一定追求别具一格，但如果能将一些平时课堂上的小要求、小习惯智慧地设计和运用，同样会产生意想不到的"轰动"效应。下面是我外出上课经常使用的另一招。

师：同学们，咱们今天是第一次见面，杨老师想了解一下，平时如果你们的老师提出一个问题，刚好你们会回答，而且想回答，你们会怎么表示？

生1：举手！（生做出举手的样子）

师：嗯，挺不错的方式。但问题来了，大家都这样举手，我该把机会给谁呢？（师用眼神扫视全部学生，同时用语言调动）像今天这样有这么多老师来看我们精彩表现的机会可不多，有没有什么办法让自己特别一点，让杨老师一眼就看到你，然后把表现的机会给你？

生2（受到启发）：可以把手举高一些！（同时把手举得高高的）

师：好办法！有了高度上的优势。优势能再明显一点吗？

生3：可以站起来再把手举高！（同时站了起来）

生4（迫不及待）：还可以站到椅子上再把手举高！（同时着急要站上椅子演示）

师（赶快制止）：这办法是够高的，不过有安全隐患，咱们还是站起来就行了，站起来的高度已经足够让老师看到你了，好吗？（绝大多数同学回答好）

生5（忙着补充）：站起来后还可以跳起来！这样更高！也很安全！（同时跳了几下，其他同学和全场听课老师大笑）

师：嗯，这主意不错！那一会儿老师就期待你跳得更高吧！

师（随后话锋一转）：现在咱们有了高度的优势，能再增加点别的优势

吗？（生一时没反应过来）

师（暗示）：声音好像也能引起别人的注意……

生6（马上反应）：可以边举手边叫杨老师！

生7（补充）：可以边举手边跑上台去争取机会！

生8（迫不及待完善）：可以边站起来，边举高手，边跳起来，边跑上台，边叫"老师，我来"！（全场大笑）

师：相对全面的举手攻略！那你能给大家演示一下吗？

生8随即站起身，举手，然后嘴里叫着"老师，我来"，蹦蹦跳跳跑到了老师跟前。他天真活泼却又憨态可掬的样子彻底将现场氛围引爆，全场师生大笑……

师：其他同学都学会了吧？那咱们一会儿上课就用这样的方式抢答问题，好吗？

全班（整齐回答）：好！

师：上课！

课后感悟：会回答，想回答，怎么举手？简简单单的一个问题，就将整个气氛调动了起来，由此可见，处处都是教育，关键在于我们是否有一双善于发现教育的眼睛。正如法国著名雕塑家罗丹所言："世界上并不缺少美，而是缺少发现美的眼睛。"此案例中，我将简单地了解学生平时课堂习惯这一小事设计成"如何举手"的一次大讨论，瞬间引爆了课堂氛围。而在这样的氛围下，读者可以想象，课堂中当我提出问题时，又该是何等劲爆的场面。能让学生"玩"着、"闹"着就学好了数学，作为教师，何乐而不为呢？

第十一例

初次见面，请多多关照

——课前问候的美丽

前面说到的利用"说反话，做反事"游戏成功破冰的案例除了达到了师生情感迅速融洽的目的外，最重要的是将课前谈话与教学内容联系在了一起，让课前谈话有了浓浓的数学味。这样的案例还有很多，曾在网上听过这样一个语文案例，就做到了让课前谈话充满语文味，让情感交流与语言文字训练水乳交融。

案例中的执教者是一位名叫靳家彦的特级教师，其执教的内容是"陶罐和铁罐"，以下是课堂实录片段。

师：同学们，咱们以前上课是不是老师一说"大家好"，然后同学们就说"老师好"呀？

生：是的。

师：咱们今天换一种问候方式，好吗？

生：好！

师：同学们真精神！

生：老师真精神！

师：能不能换个字，让我听了更高兴？

生：老师更精神！

师：同学们真可爱！

生：老师更可爱！（笑声）

师：怎么了，觉得这句话怎么样？

生：不太恰当。

师：是呀，那应该怎么说？

生：老师更可亲，老师更风趣，老师更可敬，老师真和蔼……

师：初次见面请同学们多多关照！

生：初次见面请老师多多关照！

师：是关照吗？还有没有其他词？

生：指教。

师：哎，这就更恰当了。初次见面请同学们多多关照！

生：初次见面请老师多多指教！（听课老师热烈鼓掌）

师：同学们，这就叫口语交际。下面我们开始上课……

老实说，由于学科关系，没有现场观摩到文中所提的这位靳老师的课，很遗憾！但这个案例确实让我很感动。毫不夸张地说，这是我看到的将课前谈话和语文学科完美结合的为数不多的案例之一。我想，靳老师的课也一定是精彩绝伦的，因为仅从这简简单单的课前谈话片段，我们就不难窥探到，靳老师一定是一位睿智的、经验老到的、语文功底极其深厚的教师。看似漫不经心的几句课前问候，在教师艺术地运用下，学生立刻沉浸在轻松愉悦的氛围中，既消除了紧张情绪，又自然而然甚至是在不知不觉当中得到了最好的语言实践训练，知晓了随着人物身份、地位、谈话场合等的不同，问候语也要随之改变。课前问候达到了强化学生语感的目的，踏雪而无痕，润物却无声，又是一个"一箭双雕"的经典案例！

第十二例

一曲高歌，响彻全场

——教师自身的魅力往往能为课堂加分

前面举了很多利用"课前废话"活跃氛围、调动课堂气氛的例子，这些是比较常见的例子，但不用"课前废话"，而是在"课前高歌"的，却难得一见。我就曾经"被迫"用过这招，虽然当时效果确实不错，但如今想起来要没点儿唱歌底子或当时嗓子状态不是很好，真得慎用。

那一次公开课，我照例利用课前十分钟抓紧和学生进行谈话沟通，殊不知我随意问学生的一个小问题，却把自己带进了"坑里"。记得当时我问一个学生：

"你的兴趣爱好是什么？"

"我喜欢唱歌！"孩子自信地回答。

"太巧了！我也喜欢唱歌。"我随口应和着。

"那杨老师能不能给我们唱一首歌啊？"孩子调皮地试探道。

老师们，说实话，我无论如何也没想到孩子会反将我一军。更难堪的是，孩子一提出这个要求后，迅速得到了全班的热烈支持：

"杨老师来一个！杨老师来一个！"

这班孩子，估计平时没少"为难"他们的老师，整个儿就是"训练有素"啊，并且受孩子们似火般热情的情绪感染，台下观课的教师竟也跟着"起哄"起来："杨老师来一个，杨老师来一个！"俨然就是一副不怕把事儿搞大的架势。

事已至此，我还能咋地？只能唱了！

"谢谢大家的热情邀歌，那我就给大家唱一个吧！"我如壮士断腕般无奈应承道。

"这样，我姓杨，杨树的杨，而刚好杨树的挺拔伟岸也是我最欣赏的，那我就给大家唱一个《小白杨》吧！"

"一棵呀小白杨，长在哨所旁，根儿深，干儿壮，守望着北疆……"

那时的我，嗓子还好，咱贵州大山出来的，天生的民歌嗓，再加上本人多少还有些歌唱功底，更何况当天听课的教师一看就知道大都是"70后、80后"，所以一曲唱出，竟有现场演唱会的效果。当唱到"来来来，来来来，来来来来，小白杨，小白杨，它长我也长，同我一起守边防……"这一部分时，似乎是触及了现场教师心灵深处流淌的记忆，竟出现了全场合唱的难得景象。

自然，有了这千人合唱一幕的铺垫，接下来的课堂氛围，不，应该说是全场氛围怎能不好？那天的那一堂公开课，我感觉真的就只有一个字能形容："爽！"久违的、酸爽的、酣畅淋漓的爽！

今天，当我再回忆起这一段课前小插曲时，理性地说，其实当时还真是"很险"。假如我天生五音不全，抑或是当时嗓子状态不好，在当时那样全场"起哄"的氛围下，我无论以什么理由解释推脱都绝对不如现场立即高歌一曲来得有用，能让学生和教师心服口服。好在我做到了！所以我还是要郑重告诫，看完这个案例后，跃跃欲试的同人，这种"绝杀"之技，咱们切记慎用！

第十三例

红色不是红色，长方形不是长方形

——"招儿"不在新，有用就行

公开课前采取什么样的方法和手段快速吸引孩子的注意力，让他们尽快进入课堂状态，这是非常考验一个教师教学经验积累情况和功底是否深厚的。特别是上低年级的公开课，由于上课孩子的年纪小，再加上在陌生的环境下，还有那么多听课老师在场，孩子们很难迅速集中注意力投入课堂教学，这也是很多年轻教师在上公开课时特别苦恼的一件事。这时，如果能抓住孩子"对感兴趣的事情注意力特别容易集中"这一认知特点，充分利用好孩子在课堂上对感兴趣的事情的注意力去提升孩子对学习的关注度，往往能达到事半功倍的效果。而游戏往往又是众多孩子感兴趣的事情中最具吸引力的项目。下面是我工作室成员彭丽文老师上公开课时用到的一个课前小游戏，很平常，老师们应该在很多公开课场合都见到过，但招不在新，有用则行，希望对大家有所帮助。

那是一节一年级的推理课，课程内容要求思维性很强，为了让孩子在课前就迅速调动起"脑细胞"，进入开动脑筋思考的状态，老师可谓煞费苦心。

"孩子们，课前我听说咱们一（3）班的孩子可棒了！都特别聪明，特别爱思考，反应也非常快，是这样吗？"老师按惯例先唠叨几句，套套近乎。

"是的。"孩子们自信地回答。一年级的孩子总是最自信的。

"那咱们来玩一个游戏，考考大家的反应能力。敢迎接挑战吗？"

"敢！"听到要做游戏了，孩子们兴趣盎然。

"游戏的规则很简单，一会儿把你在屏幕上看到的颜色说出来就行。明白了吗？"

"明白了！"

"好，游戏开始！"

随后，老师一点鼠标，整个屏幕呈现蓝色，但屏幕的中间大大地、醒目地写了两个大字：红色。

"红色！"孩子们兴高采烈抢答道。

"回答错误！"老师微笑着宣布游戏结果。

"不对，好像不是红色，是蓝色，老师说的是看到的颜色。"有孩子开始嘀嘀咕咕和同桌争论起来。

"对了，咱们游戏的规则是说出看到的颜色，而不是读出屏幕上的字，刚才屏幕上的字虽然写的是红色，但整个屏幕都是蓝色啊，大家可别上当了。"老师解释引导道。

孩子们恍然大悟，为刚才的不小心感到不平，纷纷嚷着："再来！"

游戏继续。这一次孩子们可都打起了十二分的精神，一双双小眼睛紧紧地盯着投影屏幕。

"红色，蓝色，白色，不，是黑色……"

孩子们的回答有对有错，但发现错了，都能马上纠正。课前五分钟的时间，老师没有花更多的精力去调动氛围，去提醒孩子上课注意认真听、仔细看，但上课时孩子们的注意力可谓高度集中。我想，这就是游戏的魅力吧。

无独有偶，前些天听了工作室另一位成员张丹婷老师的"图形的面积与周长整理与复习"一课，张老师也用到了类似的方法。不过这一次张老师用的不是"颜色"，而是"形状"（见下图）。

请同学们说出"看到的"是什么图形

"图形的面积与周长整理与复习"一课

但无论是"颜色"，还是"形状"，也无论这个招数是"新"还是"旧"，无一例外都成功了，都达到了让学生集中注意力的目的。

所以说，"招儿"不在新，有用就行。

说到这儿，我想起了另一个关于"旧招新用"的例子，那就是"小红花的故事"。提到小红花，老师们可能马上会联想到两个点：第一个点就是，这是多少年前的"老招儿"了，应该是几十年前，我们还读小学的时候，我们的老师就曾经用过了；第二个点则是，这是低年级老师用的招数，用在高年级孩子身上不适合。

但事实并非如此，我就曾见过一个五年级的老师在上课时，给答对问题的孩子奖励小红花。说实话，当时见到这一幕时，我也是有偏见的，觉得这老师也太不把五年级孩子当回事儿了吧，都五年级了，还奖励小红花，这也太幼稚了点。而当时孩子"表面上"的表现，和我的偏见也是高度一致的。当老师奖励第一个答对问题的孩子小红花时，全班都发出了"幼稚……"的起哄声，虽不是特别大声，但也足以体现孩子们对这"老掉牙招数"的不屑一顾。而受到奖励的那个孩子，在接过老师奖励的小红花时，也确实呈现出不好意思、难为情、觉得太幼稚等诸多表情。当时，我听课的位置刚好就在这个孩子座位旁边，这个有利的位置却让我捕捉到了一个难以置信的小动作，就是孩子接过小红花回到座位后，很认真、很小心、很仔细地将那一朵用极其普通的彩纸剪成的、极其普通的小红花小心翼翼地夹在了书页里。那份认真、那份小心、那份仔细，汇集而成的是孩子内心对它的珍惜与重视。而在后面的课堂中，我还发现一个有趣的现象，就是刚才那些嚷得最大声说此举"幼稚"的孩子，回答问题的积极性最高，并且他们同样一边表现着自己的不屑一顾和难为情，但另一边却都把小红花仔细地珍藏了起来。我想，这就是表扬的魔力吧！因为在孩子心中，小红花已经不是单纯的小红花，它代表的是老师的肯定。当然，更代表着对自己小时候的追忆……

第十四例

告诉我两个数字，老师就能准确
猜出你几岁！

——神奇的猜年龄游戏

人们总是对未知的东西感兴趣，可以说好奇心是人类学习、研究的最初动因，也是我们在认识自然、改造自然时最基本的创造心理因素。所以有人说，好奇心是探索未知世界的原动力。

课前几分钟的时间，老师如能很好地利用这一点，将使接下来教授新课产生事半功倍的效果。下面是我工作室的成员晏老师在上"比赛场次"一课时所用的在课前激发孩子兴趣的小游戏——猜年龄。乍一听好像这招挺老的，但欣喜的是晏老师在大家常用的套路上进行了改善，将其和数学中的数字规律结合起来，让游戏看起来瞬间"高、大、上"很多，既充满了神秘感，成功激发了孩子的好奇心，又赋予游戏本身浓浓的数学味儿，可谓一举两得。

下面我们一起来看一下我整理的课堂实录。

"同学们好！很高兴今天能和大家一起上一节数学课。咱们今天是第一次见面，知道怎么称呼我吗？"老师先暖场道。

"不知道。"绝大部分孩子摇头。

"晏老师。"有眼尖的孩子发现电脑屏幕上有老师的名字，叫了出来。

"你是怎么知道的？"老师追问。

"那里有你的名字。"学生指着屏幕回答。

"真是个爱观察的孩子，表扬你！那你们还想了解晏老师什么？"老师继续。

"老师，您多大了？"马上直入主题，似乎老师的年龄永远是孩子们最想了解的"秘密"。

"你们猜猜老师今年多大了？"老师调侃道。

"二十多。"

"多年轻啊，老师真高兴。"

"三十多。"

"嗯，这个答案很接近了。"

"四十多。"

"又大了，刚才说了，三十多比较接近。"

"35，36，37，…"孩子们七嘴八舌"碰运气"，终于猜出了老师的正确年龄。

到此，客观地说都还比较"平常"，貌似大家用这招时，几乎也都是这样，谈不上什么新意。只见老师话锋一转，故作神秘道：

"现在你们知道老师的年龄了，我也想知道你们的年龄，不过你们不要直接告诉我，你们只要将你们的年龄乘以67，然后告诉我乘积的最后两位数，我就能准确猜出你们的年龄，相信不相信？"

"相信！"

"不相信！"

孩子们有相信的，也有不相信的。

"那咱们试试？"

"好！"

"注意计算的时候千万别算错啊，算错了老师就猜不准了。开始！"

片刻后，有孩子算出结果，率先举起了小手：

"老师，我算出的乘积最后两位数字是04。"孩子报出计算结果。

"那你现在的年龄是12岁，对吗？"老师迅速报出了孩子的年龄。

"对！"孩子一脸惊奇地看着老师。

又有孩子算出了结果：

"老师，我算出的乘积最后两位数字是37。"孩子一脸期待地盯着老师。

"那你现在的年龄是11岁，对吗？"老师轻松自信地回答。

"真的哦！"孩子一脸惊奇。

"哇！老师，这是怎么回事？"孩子们都被这神奇的数学魔法成功吸引住了。其实不仅孩子，连下面听课的老师此刻也有很多开始拿起笔计算，还有的实在弄不明白怎么回事儿，索性七嘴八舌小声讨论起来。

"哈哈哈，孩子们，这就是数学的神奇之处！想知道答案，今后就好好学习数学，相信你们会发现更多有趣的数学知识。其实啊，数学中隐藏的像这样的秘密还有很多很多，今天就让我们一起走进神奇的数学世界……"

一个猜老师年龄的小游戏瞬间激起了孩子莫大的兴趣，让孩子们迅速进入课堂状态，这无疑是一个成功的课前沟通案例。（工作室这位老师在参加我们区的教师综合素养大赛总决赛时，在才艺展示环节就巧妙运用了这个游戏，并且获得了不俗的成绩。）

不知道看到这里，聪明的你们想到答案没有？这究竟是怎么回事？

其实，这个秘密并不深奥，如果是数学专业的老师仔细想想就会明白其中的道理。我们的年龄一般最多是两位数，我们用年龄数乘以67，当我们把得到的乘积的最后两个数字报给老师后，其实每一次老师会在心里再将其乘以3，这样相当于我们用年龄数乘以的是201，而任何一个两位数乘以201取末两位数，相当于用这个数乘以201的末两位，也就是乘以1，任何数乘以1还得原数，相当于没乘。所以老师在知道了年龄乘以67后的末两位数后，只要将其再乘以3，就能够逆推出最初的年龄数是多少了。（这就是秘密的关键。至于为什么只看后两位，是因为在每一步，除了末两位的运算都不会影响结果，所以每一步都只需看末两位即可。）当然，这个游戏也只限年龄数最多是两位数时。如果和一位百岁老寿星玩这个游戏，那就复杂得多，再用这样的办法就会出问题了。

不知道这样解释，聪明的你是否能看明白了？如果你还不明白，那这不正好说明了这个游戏的魅力所在吗？那么神秘，那么有趣，深深地吸引着我们。

成人的你尚且如此，更何况孩子？

这就是数学的魅力！

第十五例

大道相通，以文化数

——古诗中的数学思维

我一向认为，教学是相通的，一个真正有境界的教师，在教学上一定是关注学科之间联系的，这样的教师上语文课，不会忽略对孩子逻辑思维的训练；上数学课，也不会无视对孩子人文性的渗透。延伸到其他学科，亦是如此。因为借助其他学科的相关知识，往往能使本学科的学习变得更生动有趣，从而提高课堂教学效率，丰富课堂教学内涵，使课堂变得更加有声有色、形式多样、生动逼真。我一直努力践行着这样的理念，下面是我教学"点阵中的规律"一课时所做的尝试。

那一次是应广西师范学院邀请，参加当地一年一度的"绿城之春"全国名师优质课展示教研活动，执教课例是"点阵中的规律"。本课最大的难点就是要引导学生看出不同形状点阵所隐含的基本规律，在此基础上，进一步引导学生从不同角度观察同一点阵，从而得出不一样的规律。对于五年级的学生来说，这确实有些难度。

当时活动安排在南宁的一个体育馆。如此大的场合，在没机会提前与学生见面的前提下，如何利用学生来到现场后的短短几分钟时间，既能调动好课堂氛围，让学生活跃起来，以免上课时因紧张而配合不好，同时，又能对本堂课的内容有所渗透，为新课埋下点伏笔，做点铺垫，有所暗示，使学生在突破重难点的环节不至于一问三不知，发蒙、发怵呢？当时的我也是费尽心思了。以下是课堂实录。

"孩子们，咱们曾经学过宋代诗人苏轼的一首古诗，叫《题西林壁》，谁还记得？给大家朗诵一下。"我引导道。

"老师，我来。"一学生举手。

"好的，掌声鼓励！"

"《题西林壁》，宋，苏轼。横看成岭侧成峰，远近高低各不同。不识庐山真面目，只缘身在此山中。"学生随即高声朗诵了起来。

看得出，这是一位平时爱学习的学生。他站起来后极有自信，朗诵也有模有样，赢得了全班的掌声。

一番表扬肯定后，我追问道：

"同学们，《题西林壁》这首诗表面看起来作者是在描写丘壑纵横、峰峦起伏、移步换景、千姿百态的庐山风景，实则是想告诉我们一个为人处世的哲理，有谁知道？"

"老师，我知道，作者是想告诉我们，同一个事物，我们所处的地位不同，观察的角度不同，看到的结果也会有所不同。"刚才朗诵的学生主动站起来分享。

"老师，我觉得这首诗的意思和我们学过的《盲人摸象》的故事如出一辙，就是要告诉人们，看事物要全面，不能只看局部。"另外一名学生补充道。

看来，这个班的语文老师非常不错，学生的语文功底都很深厚。接下来又有几位学生也发表了各自的看法。

"刚才几位同学的发言都很好，我都很赞同。苏轼不愧为文学大家，简简单单一首小诗，却语浅意深，因物寓理，告诉了我们如此深刻的看人、看物应秉持的哲理，感谢几位同学的分享，掌声鼓励！"

"哎，同学们，猜猜咱们今天上的是什么课？"我话锋一转问道。

"语文？"

"古诗？"

"数学？"

还有学生弱弱地询问道：

"品德？"

全场的听课老师都被孩子们的"懵圈儿"逗笑了。

孩子们明显"怀疑人生"了，说好的数学课，怎么还没上课就开始谈古诗了。

看着孩子们一脸发蒙的萌样儿，我笑道：

"孩子们，咱们上的就是数学！但其实语文中也有数学，刚才苏轼在《题西林壁》中揭示的观察事物的态度，其实咱们在学习数学知识时也经常用到。很多题目，特别是图形，当我们从一个角度思考不出答案时，我们可以换一个角度再去思考，说不准转角就能遇到'真爱'（现场的老师和孩子们都发出了笑声）。正所谓山重水复疑无路，柳暗花明又一村，正是这个道理。好好记住这个'换个角度看问题'的思路，说不准一会儿在咱们今天的数学课中就会用到。好吗？"

"好！"孩子们齐声回答。

"好的，上课！"

……

那堂课很成功，因为在对每一种形状的点阵进行探究时，有了课前的思维渗透，不用我提醒，学生们自然而然地从多个角度观察点阵，所以方法多样性的呈现也显得水到渠成。

感谢《题西林壁》，感谢苏轼老先生。

老师们，由上可见，一首小诗也能闪烁荧荧的哲理之光，也能蕴含观察事物的严谨的理性思维。大道本相通，文理又何分彼此？只要我们真正用心去根据所要教学的内容特点巧妙融合设计，灵活变通处理，将其他学科的资源整合而为数学所用，那语文的"感性美"同样可以润泽数学，而数学的"理性美"又何尝不可以丰润语文呢？

大道相通，其他学科亦如是。

写在本篇末

正所谓"亲其师，方能信其道"，通过阅读上面十五个案例，我想老师们都感受到了课前师生进行充分交流、沟通的必要性，特别是上公开课，我们往往都是借班上课，教师与学生彼此都不熟悉，上课环境也是全新的、陌生的，这些难免会让学生产生紧张、恐惧或不安等情绪。心理学研究表明，动物（包括人类）对陌生者总有本能的防范意识。由此可见，如果我们课前得不到学生的认同，那么我们在课堂上的行动就不容易得到学生的配合，继而就会影响我们教学的实施和最后达成的效果。所以要想在课堂上实现有效的交流，教师在课前就必须先营造良好的课堂氛围，建立和谐、民主、愉悦的师生关系。

当我们真正勇于、乐于并善于去和学生进行心灵交流，学会倾听他们的心声，做他们的"贴心人"时，我们才能进入他们的内心，洞悉他们的心灵世界。所以作为一名教师，我们不可小觑课前三五分钟交流的重要性，一定要抓住这个机会尽可能和学生进行最充分的交流和沟通，谈话也好，游戏也罢，玩笑亦可，无论采取何种形式，也无论采用何种"招数"，我们都要在这几分钟内想办法让学生喜欢自己、信任自己，这其实就是我们常说的"亲其师"。与此同时，我们还要在交流中给予学生希望，让他们感受到，听了自己的课可以让他们学好这门学科，课堂上他们自然也就会好好听课，这也就是所谓的"信其道"。

在交流中构建和谐愉悦的课堂氛围，在沟通中激发学生学习的积极性，在欢声笑语中燃起快乐课堂的激情。这，就是课前我们应该做的事。

课中的"事故"和"故事"

　　课堂是可预设的，诚如美国教育心理学家布卢姆所说："没有预料不到的结果，教学也就不成为一种艺术了。"课堂的确是不可预料的，课堂上师生的交流在主教学思路的引导下还具有随机性，这自然而然会衍生很多新的、预设之外的生成，甚至很多时候，这样的生成往往都是令人尴尬的、为难的，所以说再全面的预设也不可能预见课堂上可能出现的所有情况。课堂上出现了意料之外的生成时，教师唯有及时调整预设，给新的生成腾出空间，机智地驾驭课堂，让课堂呈现别样的精彩，才能让课堂上的那一个个偶发的教学"事故"，变成自己教学生涯中一个个经典的教学"故事"。

临危不惧，成就经典

——"我才不想和你做朋友！"

我曾经待过一所学校，它是那个区域数一数二的名校，也是广东省"百校扶百校"的帮扶学校之一。作为帮扶方，我们学校的骨干教师几乎每个月都要去一次被帮扶的学校为对方学校的教师开专题讲座，上示范课。

记得那一次刚好排到我去上示范课，我计划执教的是北师大版小学《数学》四年级上册的"确定位置"一课。对于"确定位置"这一课的内容，我设计以"找朋友"的方式展开教学。先是让学生用多种方式描述自己的位置，感知用"数对"表示位置最为方便、快捷。然后让学生利用"数对"找身边的朋友，找班上自己最好的朋友，找和自己最心有灵犀的好朋友，同时帮老师也在班上找个好朋友。到最后帮老师找朋友的环节，我会用一句话衔接："同学们都找到了自己最好的朋友，老师也心动了，也想在班上认识几位好朋友，谁愿意做杨老师的朋友呢？"

说实话，当初在设计这一环节时，我已经预设过，这个问题抛出去后，不外乎三种情况：最好的一种是同学们都争先恐后要和我做朋友（事实上我外出上课几乎每次也都是这种状况）；比较正常的就是有人愿意，有人保持沉默不愿意；最糟糕的一种情况不外乎就是全班都不愿意。但我想，首先自己运气不会差到这个地步吧。再说了，摸爬滚打这么多年，我自信在调动学生积极性方面还是有自己的一套的，不会悲哀地沦落到如此境地。再说了，孩子们其实都挺善良的，特别是在公开课场合，他们一般都会尽量配合老师，退一万步，就算真没一个人愿意和我做朋友，那肯定也就是全班保持沉默不回应，这应该就是最糟糕的情况了，总不至于还会当场反驳不愿意吧。

那天听课的人很多，除了本校的老师，周边学校的老师听说我要去上课也都闻风而来。教室里坐得满满的，连过道都加了凳子。课上得也还顺利，一路波澜不惊。到了帮老师找朋友的环节，我照例抛出橄榄枝：谁愿意做杨老师的好朋友？然后也按往常惯例满怀期待地等候着学生们争先恐后地举手表示要做我的好朋友。可正当我得意之时，"意外"发生了。教室第三组的一个小男生忽然站起来不屑地大声说道："我才不愿意做你的朋友呢！"小家伙这一语可谓石破天惊、惊世骇俗啊。教室里忽然间达到"冷冻"状态，鸦雀无声。听课的老师愕然了，学生们也默然了，似乎都在等着看我如何接下这突如其来的一招，特别是上课班级过来"压阵"的班主任老师，脸都绿了，眼神中充满了愧疚，同时狠狠地盯着刚才的小家伙，看样子简直想用眼神秒杀掉他。是啊，毕竟我是过来帮扶他们的，现在自己班级的孩子给人家挖了这么大一个坑，心里确实过意不去啊！其实当时我也愣了两秒钟，但马上收敛心神，咱不能把"招牌"砸在这小家伙手中啊！于是马上微笑着对小男生说："首先，我要表扬你！因为你敢于发出和别人不一样的声音，这也说明你是一个特别的孩子。其次，我最喜欢你这样特别的孩子了，也特别想和你这样的孩子做朋友，要不你再考虑考虑？"小男生听我这么一说，回答道："好吧，我考虑考虑。"他"拽拽"的语气、傲然的态度，使听课的老师忍不住都笑了起来，其他孩子也窃窃私语地笑着。大家这一笑，把尴尬化解了很多，课堂氛围也缓和了很多。而在接下来的教学中，我有意无意地将很多表现的机会都给了这个孩子。毕竟，求人嘴软。这时的"糖衣炮弹"攻击是少不了的。当然，真心的付出也总是有回报的，随着帮老师找朋友的难度加大，出现了不完整的数对（3，　　　），这个数对只确定了第三列（组），没有确定第几行（个）。那其实所有第三组的学生都有可能是我的好朋友，但孩子们不敢确定。所以刚才还兴高采烈争着抢着要和我做朋友的他们全傻眼了，都不敢站起来。

忽然，一声"我是杨老师的好朋友！"再一次打破了教室的寂静。

片刻之后，教室里响起了阵阵掌声，因为再一次站起来语出惊人的就是那个曾经表态不愿意和我做朋友的小家伙。而接下来他做的一个动作，更是博得了全场最热烈的掌声，他站起来后把和他一样在第三组的孩子一个个像"拔萝卜"一样给拽了起来，嘴里还嘟囔着："起来啊，你们都是杨老师的好朋友。"老师们笑了，其他孩子都笑了。我，也笑了……

一个突发的意外，就这样成就了一个永恒的经典！

处变不惊，化解危机

——补习机构带来的"麻烦"

对于"百分数的认识"这一课，这么多年来不夸张地说，我已听过不下上百节了。各路名家、一线教师的设计可谓花样百出，各有千秋。各位教师对于百分数的意义、百分数的读写法、百分数在生活中的应用设计都非常巧妙、非常到位，但很少有真正关注百分数的产生的。偶有触及，大多也停留在从几个简单的生活实例，如衣服标签、饮料标签、电脑下载进度等来展开。其实这只能说明百分数源于生活，百分数在生活中应用很广，并没有真正从知识发生的角度说明百分数是如何产生的。我对于本堂课的设计，就是想着重解决这个问题。

《义务教育数学课程标准（2011年版）》（以下简称《课标》）P63～P64明确指出："教材应选用合适的学习素材，介绍知识的背景；要设计必要的数学活动，让学生通过观察、实验、猜测、推理、交流、反思等，感悟知识的形成和应用。"而《数学教师教学用书（北师大版五年级下册）》"百分数"单元教学目标中也明确提出，要让学生经历从实际情境中抽象出百分数的过程，体会引入百分数的必要性。

基于上述缘由，我的设计思路是：以教材原有情境和数据为准，做更进一步的整合加工，将原来的足球比赛和发芽实验两个情境合二为一，整合为一个情境——足球比赛。为了增加趣味性，我给比赛双方取名为"猛虎队"和"雄狮队"，避免了新课情境跳跃、枝节过多产生负迁移，同时将原来教材情境中提供的数据略做调整，方便接下来学生感知生活中多次进行异分母分数大小比较的麻烦，并引导学生感受在这样的"麻烦"中分数如何一步步演化为百分数的这一过程。

新课开始，我先抛出第一个问题："在一场足球比赛中，由于双方比分相同，现在将通过'点球大战'来决定输赢。下面是'猛虎队'三名队员平时的训练成绩统计表（出示表格数据）。如果你是'猛虎队'教练，你会选择哪名球员参与'猛虎队'的罚点球？"

我引导学生要考虑三名球员各自罚中球数占罚球总数的几分之几，才能正确判断。然后通过通分比出大小，得出应该派"猛虎队"5号球员参加。

接着抛出第二个问题："对手'雄狮队'也遇到了同样的难题，那'雄狮队'教练该派几号？"

有了计算"猛虎队"的经验，这次我让学生自主完成。学生通过再次通分计算得出应该派"雄狮队"3号球员参加。

紧接着我的第三个问题抛出："杨老师是一个足彩迷，平时有闲钱的时候，偶尔会买买足球彩票（这里稍做引导：在有闲钱的时候，适当买一点足球彩票，是对我们国家体育事业的支持，但绝不能沉溺其中）。现在我手里刚好有2块钱闲钱，想买一张彩票碰碰运气，我该买哪个队赢呢？"

这下，学生们又得把刚刚选出的"猛虎队"5号和"雄狮队"3号的数据再拿出来比较一次，而且数据中的分母又不同了，必须进行第三次通分。

等学生完成了比较，给了我购买建议后，我话锋一转说："同学们，通过刚才足球比赛的事儿，我们发现，生活中我们经常要对一些事物进行比较，而要科学地比较这些事物，必须同时考虑事物中的两个数据，这时就得用到我们学过的——"

"分数。"

"对了！但往往这些数据分母都不相同，我们每比一次就得通分一次，而当我们好不容易比较出几个分数的大小后，如果再加入新的分数，分母可能又不相同，又得再次进行通分，这样感觉怎么样？"

"太麻烦！"

"那怎么办？"

"想办法把分母统一。"

"太棒了！你们的这个想法和数学家们当初的想法不谋而合。那你们觉得选哪个数做统一的分母相对比较合适呢？"

"100！"学生们沉思片刻答道。

"嗯，数感很好！100不大不小正合适，这样一来就先产生了分母是100的分数，继而进一步演化，就产生了我们今天要学习的百分数。"

整个过程，从分数（异分母）到分母是100的分数（同分母）再到百分数，让学生真正体验了百分数从分数一步一步演化而来的过程。

花这么大力气，浪费这么大篇幅给大家介绍我的设计思路，其实是为下面这场"意外"做个铺垫。

那一次，我们深圳某小学邀请我去给学校的老师上一堂示范课，内容就是"百分数的认识"。为了保证设计的顺利实施，上课前一天我还专门和学校的教导主任、我要上课班级的数学老师做了沟通，确定了这个班还没有上过百分数这节课，并且带班老师还告诉我，起码要两个星期以后才上到这里，这样我也就放心了。但事实往往都不在我们预想之内……

第二天上课，当我抛出第一个问题"如果你是'猛虎队'教练该选谁？"时，没过两秒钟，全班都给出了答案，并且让我措手不及的是学生们还全部都是用百分数进行计算和比较的。我心底暗道："完了！我的神啊！"我的设计本来是要在学生不知道百分数的前提下，由我领着他们一步一步走进百分数的世界。可现在倒好，全班一上来全都会用百分数了，我这课还怎么上？怎么办？思考两秒钟后，我迅速做出决定：改设计！然后大大方方地问道：

"咦？我课前了解到你们老师还没教百分数啊，怎么你们全都会啊？"

"补习班老师教的。"学生们回答。

我无语……于是干脆把问题打开：

"这样啊，那关于百分数你们都知道些什么？"

接着学生们纷纷举手，有学生说知道什么是百分数，有学生说知道如何读写百分数，有学生说知道生活中百分数的意义……学生七嘴八舌说着，整个过程，我没有介入，只是微笑地看着他们，适时提问：

"还有吗？还知道些什么？还有补充吗？"

学生就这样争先恐后说了七八分钟后，教室里才逐渐安静下来。我看时机到了，乘机问道：

"看来大家对百分数的了解还真不少，杨老师这里也有一个问题想考考大家，同学们有谁知道百分数是如何产生的？"

果然，教室里忽然间鸦雀无声，我心里也恶作剧地暗暗窃喜：开玩笑，这个问题很多在校的老师都不一定会去讲或讲清楚，我就不信补习班老师还能慢慢给你们讲？哈哈，小屁孩儿们，看你们还怎么逞英雄。

但我想错了，也低估了现在孩子的超强应变力。我正暗自得意之时，忽地一个胖乎乎的小男孩儿站起来说：

"我知道！"

我一愣："哦？你知道？那你说说百分数是如何产生的。"

男孩儿自豪地答道："百分数是从生活中产生的！"

我晕！真是自作孽啊！我们平时不总是教导学生要学生活中的数学吗，这下倒好，人家就告诉你是从生活中产生的，看你怎么办。还真应了那句老话，种瓜得瓜，种豆得豆啊！

稍一走神后，我立即追问："嗯，百分数确实是从生活中产生的，那你能不能告诉大家，百分数是如何从生活中产生的？"

"不知道。"男孩儿想了想，摸了摸头，终于不好意思地说道。

我看最后的"障碍"也扫除了，随即向全班问道："那大家想不想知道百分数是如何产生的啊？"

学生们这时显出了极高的兴趣，异口同声答道："想！"

"我们想要知道百分数最初是如何产生的，就得以全新的、陌生人的姿态一步一步地走进百分数的世界。那从现在起，我们先暂时屏蔽掉我们脑袋中关于百分数的知识储备，跟着老师一步一步去经历百分数产生的过程，一步一步走进百分数的神奇世界，好吗？"

"好！"达成协议，学生们齐声应承。

接下来，我重新带领学生融入前面设计流程里的"足球比赛"情境，一步一步感知、经历，见证了百分数的产生过程，揭开了百分数的神秘面纱，走进了百分数的世界。

当然，这样一改，必然"浪费"了很多时间，但俗话说得好，"农业减产副业补"，他们原来已经知道的诸如百分数的意义、读写法等，我可以一笔带过，所以最终还是完美地完成本课的教学任务，并且再一次运用自己的智慧，化解了课堂的"危机"。

第十八例

女教师的"超尬"

—— "老师，您的两腿之间有一个角"

这应该是我所有案例中最为精彩的一个了，封它为"案例之王"，我想一点儿也不过分。因为每次应邀外出做讲座但凡讲到这个案例时，总能让台下的教师在笑破肚皮的同时，得到深深的启发和感悟……

那是十几年前的事儿了，当时我正在某市一所非常出名的小学做教师。有一年，全市的小学数学课堂教学比赛正在某经济强区的体育馆举行。全市的小学数学教师基本都去观摩了。能够进入市决赛的都是各区教学比赛的第一名，课例都是精心打磨的，有很高的观摩性和借鉴性。各区都有选手参加，区教育局自然要多组织本区的教师去助阵造势，所以整个体育馆坐得满满的，少说也有上千人。比赛也还算是高手过招，一路精彩。到了下午，某区的参赛教师上场了，不得不说，这个区选拔赛课选手的眼光还是不错的，这是一位年轻的女教师，身材高挑，长发束一高马尾，笔挺小西装加西裤，一双黑色高跟鞋，颇有几分都市白领丽人的风范，一看就是经过精心装扮的。她执教的内容是当时人教版二年级的"认识角"一课。设计也中规中矩，教师利用多媒体手段带着孩子们从生活中的事物（红领巾角、桌面角、书角等）抽象出数学的角，然后认识角的特征：角有一个尖尖的顶点，两条长长的、直直的边。一路下来虽无太大惊喜，但也还扎实有效。

但接下来，认识了角，重新找身边的角时，情况却突然发生了近乎闹剧的变化……

"小朋友现在都认识了角，那大家睁大眼睛向四周看看，我们的身边还有哪些物体上也有角？"老师问道。

"老师，数学书这里有角。"一个孩子指着书角回答。

"老师，黑板那里也有角。"孩子上台指出黑板上的角。

"老师，眼睛这里也有角。"一孩子指着自己的眼睛回答。

"同学们，我们的眼角是角吗？"老师追问道。

"不是！"

"为什么？"

"因为眼角这里是弯的。"另一个孩子指着自己的眼角解释。

老师非常满意孩子的回答，"你真棒！其他同学听明白了吗？"

"听明白了！"

接下来，好戏终于上场……

"那请看，老师这里有没有角？"女老师挺胸收腹，双手指着自己胸前的黑西装领子在里面白衬衣的反衬下露出的三角区域问道。

一个小男孩儿在老师的示意下上来指角，走到台上后，小男孩儿小手一指老师的两腿之间，用怯生生的童声答道："老师，你这里有一个大大的角……"

话音刚落，整个会场笑声、议论声不断，完全失去了控制……

女教师感到很尴尬，但只能硬着头皮接下去：

"这位小朋友观察得真仔细，老师这里确实有一个角……"

但整个会场从此刻起，就再也没有安静下来。关键是还连累了她后面上课的教师，因为从小男孩儿指角那一刻起，整个下午教师们都在讨论着她的"角"，根本没心思去听别的课了……

是啊，这就是经验不足害死人啊。

多年来，每每给自己的弟子磨课时，我都会以此案例警戒他们，要心中有学生，从学生的角度去备课，每一个环节都要从学生的思维多想想，这才是我们的课堂得以顺利实施的前提和保障。

第十九例

女教师的窘境

——"分母是7的真分数有几个？"

督学，旧时称"视学"，原是中国清代提督学政的别称，泛指视察、监督及指导学校、教育行政机构及其他教育部门工作的教育专业人员。1983年7月，教育部提出《建立普通教育督导制度的意见》，明确了督学的任务、机构的设置和人员的职权与条件，我国督学职能机构正式成立。历经发展，现在再提到督学，相信大家都不陌生了，特别是随着近几年国家对教育督导的重视，督学职能再一次被重视。而督学对学校、对教师的监督职能，再加上督学自身的专业权威性，也使得很多办学效益不够理想的学校和一线不太负责任的教师谈"督"色变。接下来的故事，就从我的一次督导工作开始。

那天是我们到达被督导学校的第三天，说实话，每一次的督导工作都是高强度、快节奏的。白天除了要听课、评课，还要和教师座谈，给学生做问卷，电话访谈家长，等等；晚上还得整理当天的督导内容，完成个人报告，因为个人报告完不成，小组报告就完不成，就会影响最后一天大组给学校的大报告。所以每天晚上督导们都是十一二点才睡下。

那天下午，我按计划去听一堂五年级的课，执教的是一位年轻的女教师，内容是"真分数和假分数"。这个内容对于五年级的学生来说其实很简单，分子比分母小的分数就是真分数，分子比分母大或分子与分母相等的就是假分数。学生一看就懂，所以上课教师也没遇到什么磕磕绊绊，很顺利地就完成了主要教学任务。从课的设计来说，也没有什么惊喜，当然这也没有关系，因为我们就是要看教师最真实的常态课。但连日来的高强度加班加点，波澜不惊的课例，再加上南方六月的高温闷热天气，听得人想打瞌睡。当然想是想，但绝不能瞌睡，所以我一直调整自己，让自己集中精神注意听讲。当我和教室里很多学生一样正在和"周公"做思想斗争时，一道题目的出现打破了夏日的沉闷，让我们这群人的睡意顷刻之间化为虚无。只见投影屏幕上出现了一道题：

分母是7的真分数有几个？

以我多年的经验，我知道，一出好戏正在上演……

果不其然，题目刚一出，教室里立刻出现了两派，以班长（一个女孩儿）为首的一派认为是6个，而以数学科代表（一个男孩儿）为首的一派则坚持是7个。

"6个！7个！6个！7个！"教室里顷刻之间像炸开了锅，孩子们争吵起来，双方各不相让！女教师的神色开始严肃起来，职业的敏感告诉她，事情恐怕没那么简单。

我这时看了看手中教师给我们的教案，这位教师原本备课时备的是6个，但现在这么多孩子说是7个，她想装听不见回避也不行了，于是就请那个男孩儿说一说为什么是7个。

男孩儿自信地站起来……

"老师，您原来教过我们，0不能做分母，但可以做分子的，是不是？"——熟悉小学教材的老师都知道，这是常识，0不能做除数（分母），但可以做被除数（分子），教材上也有相关定论。

教师只稍微迟疑了一下说："是的。"

男孩儿接着追问："那照您这么说，$\frac{0}{7}$ 这个分数是成立的了，是不是？"

教师逐渐感觉不妙，想了良久，最终鼓起勇气答道："是。"但明显已经开始慌张。

男孩儿继续追问："那既然 $\frac{0}{7}$ 成立，您刚才教过我们，分子比分母小的分数就是真分数，那0比7小，所以 $\frac{0}{7}$ 这个分数也是真分数，答案就是7个，是不是？"

教师再也不敢答"是"，也不敢答"不是"了，因为她知道，自己已经彻底掉进了男孩儿的"坑"里，再也出不来了。怪只怪她当初选的这个科代表太厉害了，这样严密的逻辑思维能力，将来不去做律师都可惜了。答"是"吧，颠覆了她以往的知识储备，连她自己也无法接受；答"不是"吧，可小男孩儿的每一个说法都没问题，并且环环相扣，层层递进，逻辑严密，让她确实找不出什么理由来说服男孩儿是6个。只见豆大的汗珠止不住地从她无助的脸庞滑落……

还好，一线教师们总有自己"压阵"的法宝：

"这个问题看来大家争议很大。这样吧，同学们小组讨论一下，究竟是6个还是7个？"

接着孩子们又开始了无聊、无意义、无休止的讨论。熟悉教学的教师都知道，一个问题，当学生讨论到没话说了，自然会停下来。可这时女教师偏不让孩子们停下来，拼命鼓励继续讨论。为什么呢？因为孩子一旦停下来，就意味着教师必须给出一个确定的答案，但这位教师自身的学科专业知识显然是不足，她给不了孩子们确切的答案，自然也就不敢让孩子们停下来。可怜了这一班的孩子，每每无话可说了，又被老师要求继续讨论，最后无奈只能假装讨论……

终于，好不容易"熬"到了下课铃声响起，教师如释重负（其实孩子们才是），然后又用了教师常用的第二个"法宝"：

"同学们这节课讨论很激烈，这个问题我们下节课继续讨论。"

而随着她一声口令"下课！"我再也忍不住笑出声儿来……

其实关于 $\frac{0}{7}$ 究竟是不是真分数的问题，只要我们这位教师平时是一个爱看书、爱学习、爱钻研的教师，应该不难解释。《小学数学教师手册》特别指出："在分数的原始定义中，没有包含分子为零的情况，但根据分数与除法的关系，可类推出 $0 \div a = \frac{0}{a} = 0$（$a \neq 0$），所以补充规定，$\frac{0}{a} = 0$（$a \neq 0$），并称之为零分数。在小学里，对零分数一般不做专门介绍。"而在《小学数学教材知识资料包》一书中，则明确将分子为0时的情况作为分数的补充定义，并且还有"$\frac{0}{40} = （\quad）$，$4\frac{0}{72} = （\quad）$"这样的题目。这就明确告诉我们，$\frac{0}{7}$ 这样的分数是成立的，并不像我们有些教师说的那样没意义，不成立。而且这种分数既不属于真分数，也不属于假分数，它有自己专门的名称，叫零分数，只是在小学阶段我们一般不研究它。所以对分数进行分类时，也不把它列入分类范围。这样一讲，孩子自然清清楚楚、明明白白。

这个案例也告诫我们：作为一名传道、授业、解惑者，我们要给学生一碗水，自己必须终身学习，时刻更新自己的知识结构，做不竭的涓涓细流，这样才能成为孩子们心中那位神奇的、能领着他们这群小鸟飞来飞去的、长大后他们都想成为的人。

老经验，害死人

——"除法就是用大数除以小数"

这肯定、无疑是一场"事故"，而这场"事故"的"故事"这么多年来之所以一直让我记忆犹新，我想是因为我一直在用它告诫自己：教法无边，学无止境，任何时候都不要单单以经验去教学生，因为经验有的时候往往代表的是过去与狭隘……

那年我要到一所新学校任职，而这么多年来，我有一个习惯，或者说原则，那就是无论到哪里任职，也无论是做教导主任、副校长还是校长，我始终坚持教学第一。所以新任职的第一个学期里，我一定会把本学科所有教师的课至少听一遍，而别的学科教师的课也会尽量多听，因为在我的教育世界观里，我始终认为：作为一个学校行政人员，特别是分管教学的行政人员，如果连教师的课都没有认真听过，是没有资格妄论这个教师的教学水平高低的。

那一天，我十分激动，是发自内心的激动，因为按计划我要去听一位老教师的课，而这位教师可是我来这所学校之前就早闻其大名的一位低年级数学名师，在当地颇具盛名。怎么说呢，她这么多年来只带一至三年级，她带的班年年考试拿第一，而每次她把一个班带到三年级时，家长们都知道她下个学期肯定又要去带一年级了，结果各种托关系点名要去她带的一年级那个班的家长多得让校长头疼得要死。要去听这么一位德高望重的老教师的课我怎能不激动。

上课铃响了，她那天执教的内容是北师大版小学《数学》二年级上册"分香蕉——初步认识除法"，教师先通过"分到的一样多"复习强调了平均分的概念，然后通过"分12根香蕉，每份同样多，可以怎样分？"这一具体应用情境，得出"上面这样的问题，都可以用除法表示"，引出除法。接着出示除法算式12÷2=6（根），教学被除数、除号、除数、商四个部分名称及除法算式的读法。一路中规中矩，没有惊喜，却也扎扎实实。看得出教师教学还是比较有经验的。可新课教学完后的练习部分就出"事故"了……

当时教师用课件出示了一道题："16个小朋友，4人1组，可以分成几组？"学生很快回答："16÷4=4（组）。"教师表扬后小结："小朋友们，你们睁大眼睛仔细看刚才我们完成的这些题目和算式（教师手指黑板上练习过的题目），看看你们能发现什么。"

一会儿就有好几个小朋友举手回答，回答的意思都是这些题都要用除法。教师稍做表扬后，用一副孩子们的答案还不是最佳答案的表情鼓励他们再仔细看，孩子们沉默了……

我也沉默了，说实话，因为看到这情形我也很蒙，这是要孩子们发现什么呢？我百思不得其解，所以也和孩子们一样，怀着好奇心等待教师揭晓"最佳答案"！

"孩子们，你们没发现吗？这些题里面，都有一个大数（指指题目中大的那些数）和一个小数（指指题目中小的那些数），以后我们再碰到这样有一个大数和一个小数的题，我们只要用大的这个数——"

教师故意拖长声音，稍做停留，并指除法算式中的除号给予提示。

孩子们果然"顿悟"！异口同声跟着老师的思路回答："除以小的这个数就可以了。"

"孩子们，你们真棒！"老师满意地朝孩子们竖起了大拇指……

晴天霹雳！绝对的造孽啊！

至此，我终于明白，为什么我们很多孩子到了高年级学了分数和小数的乘除法后，做应用题时，始终还是只敢拿大数除以小数，永远不敢拿小数去除以大数，原来就是这时候埋下的"祸根"！这不是造孽，又是什么！？

说到此，有教师可能会问了，杨老师，你前面不是说这位教师很出名，带的班级年年考试拿第一吗？怎么会教错呢？

老师们，别忘了我们三年级才初步认识小数和分数，到五年级后才正式接触小数、分数除法，所以一至三年级的试题中，根本不会出现要用小数去除以大数的情况。这样一来，她给了孩子们一个"死定律"，凡是遇到除法的题都用大数除以小数当然不会错。简言之，她们班的孩子，就算没真正弄懂除法，没真正理解题意，直接用大数除以小数，铁定不会错。

可怜其他班级的教师，辛辛苦苦从理解除法、理解题意的入手，苦口婆心去引导孩子们。而真正在教学一线的教师们都知道，有时一个班里总有那么几个神一样存在的孩子，天生的最佳发展区就不是在学习上，领悟力永远要比别人滞后一些，无论怎么教都不会，教师又不能急功近利教一些"死规律、死办法"，因为怕这些孩子将来长大一些，灵智忽然开启，爱学了，那这些死规律、死办法不就害了他们？这样一来，每次考试，这样教的教师带的班级同类型题目都有人错，而我们上面这位名师带的班级的孩子可一个都不会错，这年年第一的头衔不就稳固了？

但，这样的第一急功近利、只顾眼前、埋下思维错因，又有何意义？

事后，这位教师兴冲冲地来找我评课了……

"杨特，怎么样，有时间没有，说说我刚才这堂课怎么样。"这哪是请教，这分明是在炫耀。教师一副唯我独尊的姿态。

"某某老师，不好意思，对你刚才这节课，我很不满意！"我认真、严肃地回答道。

"呦！杨特，啥意思？我的课哪里有问题？你说！"从没遭受过质疑的她显然脸面挂不住，动怒了。

"某某老师，孩子们今天是第一次接触除法，接触除法应用题，你就教孩子们做除法应用题要用大数除以小数，请问：如果我花3块钱买了6个本子，每个本子多少钱？难道我也用大数6除以小数3，每个本子2块钱吗？！"我也动气了，毫不留情地回击道。

没办法，我这人的臭毛病就是对关于教学的事太过较真儿，改不了了。

沉默……

教师的脸从怒气冲天，到无奈，再到羞愧……

"是哦，不好意思，杨特，我这样教好像真的有问题哦，谢谢你提醒，不过我这么多年来都是这么教的……"

我愕然无语，内心却在呐喊："苍天啊，那这么多年你祸害了多少孩子啊……"

从那一天起，我每天都在提醒自己：教海无涯，我们要学的东西太多太多，即使原来自己知识结构中正确的东西，随着时间的推移，也会有所更新，有所变化，千万不要故步自封，纯粹凭老经验去看待一直在变的这个世界中的一切已知和未知的事物，去应对一直在变的茫茫知海，去教导在时代更替大潮中应运而生的孩子们……

第二十一例

名师出高徒，细节决定成败

——不该看到的绝不给别人看！

大家就是大家，名师就是名师，除了极少数沽名钓誉的特例外，大多数能称得上名师大家的，必然有其过人之处。他们在各自的专业领域，或是教育教学技能超群，或是理论见解独到，或是思想境界高屋建瓴。总之，能衬得起名师这两个字的教师，必有其高于常人之处，而往往很多时候，这些名师大家的指点都是充满智慧与超前眼光的，因为那都是无比深厚的专业积淀与多少年磨砺经验的释放。

我1997年参加工作，到2018年刚好整整21年，待过很多学校，也在教科研部门做过教研员，细细想来，似乎我教学生涯的这些年都是在游教、在磨砺。但无论何时、何地，我对徒弟的严爱之风却一直未改，这或许源于两位恩师对我"刀子嘴豆腐心"风格的爱戴吧。所以每到一所新的学校，我对学校的年轻教师，或是自己工作室的年轻学员，总是竭尽所能地培养。为他们磨课时，大到整个设计的思路，小到上课时每个眼神、每个动作、每句话的语气该怎样，都不含糊。也正是因为怀揣这份传承、感恩师父衣钵的赤子之心，徒弟们很快就成长起来了，下面就是他们中的一位曾经的故事。

那一年，学校一位年轻教师要参加市里的说课比赛，指导这样的任务自然就落在了我这个所谓的数学科组领头人身上。从说课稿的设计到每一次的试讲，我带领着数学科组几位骨干教师认真指导，可谓殚精竭虑。我们对这位年轻人的培训甚至包括哪一句话该用什么样的语气、手势、表情，手里的教具掉落到地上该怎么捡起，万一忘词怎么办……从开讲到结束，每一个细节，都千锤百炼、精益求精、精雕细琢。也许很多教师会觉得太过了。其实这一点也不过，因为众所周知，现在赛课，一般都是选年轻人参赛，形象气质好、普通话标准、精力充沛有闯劲儿，关键还有一点，叫不动年纪大的教师。但年轻教师也有其致命的劣势，那就是教学底蕴浅薄、教学经验不足，赛课基本都是在"演课"，这是不争的事实。不过这也没什么可诟病的，年轻人确实需要这样的经历去磨砺、去成长。了解了这些，那前面所说的对他们进行再怎么周密、精细的打磨也都不为过了。

天道酬勤，往往倾心的付出总能收到回报。大赛那天，主办方借了市里某中学的礼堂作为比赛场地。礼堂非常宽敞，舞台很大、很高、很深，类似小时候看电影的那种传统大电影院，一个大大的银幕置于舞台正后方的墙上。考虑选手要使用课件，说课过程中可能还要和评委、观众互动交流，所以在舞台右前侧临时放了一个操作台。电脑、投影灯等设备一应俱全，都放置在桌上。在舞台前面两侧的观众区前还加了两个临时的荧幕，方便旁边的教师观看。这一切看起来布置得很妥帖，殊不知其中有一个很大的问题，观众区前的两个荧幕参赛选手是用不了的（不可能跑下舞台去讲啊），而选手每次指着舞台上那硕大无比的大银幕讲完一小节内容后，马上得跑到前侧的操作台操作电脑转换到下一步内容的课件。前面已经说过，舞台很大、很深，这样一来，就只见无数的小美女（小学女教师比例居多）踩着小高跟鞋（参赛着装标配：白衬衫、小包裙、高跟鞋）在舞台上大银幕和操作台之间跑来跑去。比赛本身就很紧张，再碰到这样和平时完全不一样的场地，很多教师手中的教具在跑来跑去的过程中难免掉落。其实手中的教具掉了就掉了，本来也没什么稀奇的，但如何捡起来？这其中的学问可就大了。很多美女教师东西一掉，心一慌，完全不顾忌自己穿的是小包裙，叉开两腿，弯下身子就去捡，殊不知自己这一弯腰、一叉腿，直接后果就是春光外泄。这该是多么尴尬的场景啊！

"灾祸"总是接二连三的，前面提到的我校的女教师当时手中的教具也出现了掉落的情况，幸运的是平时我们有过训练。只见她口中继续自己讲课的同时，双腿紧拢，微微侧身，自信而从容地从地上捡起了掉落的东西，而就这一个小小的举动，让她赢得了全场的掌声！

那天比赛的结果自然也是喜人的。而通过此例，我们不难看出：注意细节是多么重要，很多时候，它真的就决定着我们谋事的成与败。

第二十二例

强扭的瓜不甜

——老师，孩子真不是这样想的！

课改后，校园里掀起了轰轰烈烈的转变课堂教学方式的热潮。一时间，无论是老教师还是年轻教师，都在寻求课堂突破，努力想要教出些和以往不同的样子来。课堂创新，这本是好事，但我们却很遗憾地看到很多老教师"穿着新鞋子，走着老路子"，其课堂所谓的改变都是表面的、形式化的，骨子里还是坚守着"我的课堂我做主"的传统思维，只不过迫于形势，将课堂上教师的言行加以"华丽的包装"而已。殊不知我们提倡的是教学思维、理念的转变所牵引的真正的教学方式的转变，而不是"走走过场、装装样子"的表面转变。

"谁的红果多"一课是北师大版小学《数学》教材一年级下册的内容，主要是让学生通过数数、实物模型（一一对应）、中间数、计数器、数的组成等多种方法，学会比较100以内数的大小。而我曾经听过一位老教师上这堂课，着实让我体验到了什么叫作"形式化的新教学理念"，什么叫作"形而上学的以学生为中心"。

那天去听课，教师一开始还是在引导学生数数和比较。可随便让孩子数了几个数知道大小后，马上就开始结合计数器讲解比较数的大小的方法。从十位起，一位一位往下比，十位上数字大的数就大，十位上数字小的数就小；如果十位数字相同，就看个位……之后就让孩子们在小组内互相说一说方法给小组成员听。因为是老师总结的方法，肯定不需要质疑。三四分钟过后，孩子们都背熟方法后，就开始练习了。第一个题目是45和54比较大小，孩子们还都挺争气，教师题目刚出，全班就说出答案了。这时教师就点名一个小男孩儿起来，微笑着、温柔地问他：

"你能告诉大家，为什么45比54小吗？"

"因为45里面有4个十，54里面有5个十，所以45比54小。"小男孩儿怯生生地回答。

多好的孩子啊！老师虽没教用数的组成来比较数的大小，但很明显，这个机灵的小家伙已经自己"体会"到了，多好的数感！

"你说得真棒！你的意思是45的十位上是4，54的十位上是5，按我们今天学的方法（手指黑板上自己总结的板书），从十位开始比，45的十位上是4，54的十位上是5，4比5小，所以45比54小，是不是呀？"老师语气相当温柔，但温柔中却透露着不可侵犯的权威。（当然，我估计应该是有我们在听课才会如此温柔吧。）

"是的。"小男孩儿萌萌地回答。

造孽啊！我终于明白什么叫作"孩子前进一步，被老师拉回三步"了。很明显，孩子的真实想法更高级，他是在用数的组成来比较大小，却硬生生被老师拉回从高位一位一位比的方法。可恨的是老师还假装问人家是不是呀？当然是了！你老师都这样说了，孩子能说不是吗？再说，一年级的小朋友，听老师叽里咕噜说了这么一大段，自己的想法早就被老师无形中给抹杀了，哪里还清楚你讲的是什么。

老师们，按老方法教本没什么大问题，但忽略比较方法的多样性，一味限制学生只能用一种方法，这问题就大了。再说，无论什么方法，没有探究和形成，直接给学生一个死方法、死结果，有什么意义？学生连为什么十位大的数就大都没搞清楚，只是在教师的强行灌输下，死记硬背方法，和我们N多年前在小学学习数的比较时又有何区别？可教师又偏偏在教学语言上不断鼓励孩子"小眼睛要观察，小脑袋要思考"。孩子有时间和机会观察思考吗？还有就是那句时常挂在嘴边的"谁来说一说你的想法"，这样的课堂孩子能有想法吗？

最具迷惑性的是在形式包装上，小组讨论等体现课改的"新招"似乎必不可少，可深入实质去看，孩子讨论有价值的东西了吗？老师们，难道一堂课有了小组合作就是体现新课改了？我想，答案应该也必须是否定的。因为这一切无论看起来多像新课堂，但它的本质还是老课堂。可现实是我们今天还有多少这样轰轰烈烈、形而上学的新课堂？这是值得我们所有教育人深思的问题。

我们的课堂主体并不是真正"现实中的孩子"，而是教师按照自己的想法"杜撰出来的孩子"。所以但凡课堂中出现那些"不按老师设计思路"回答问题的"另类"孩子时，我们的教师总想着驯服他，在"你不是这样想的也必须这样想，这样想才是符合我设计思路的，才是最正确的"潜意识的操控下，总想着把瓜强扭过来，还想着扭过来后瓜是甜的，这样的好事，上哪里找去？

所以，教师们不要总想着把自己自以为是的想法强加到孩子们的身上，更不要以"你是不是这样想的？"这等貌似尊重孩子的手段去掩饰我们的强势，因为，孩子真不是这样想的！

第二十三例

"坚决" 与 "奸绝"

—— 一个因为师者底蕴不足所引发的"惨案"

一个教师的学科底蕴很多时候直接影响他教学的准确度、灵活度，甚至课堂的把握度。教师如腹有诗书，则对所要讲授的知识点以及这个知识点派生的其他知识的讲解，皆可如闲庭信步，信手拈来；相反，一旦教师自己的学科专业素养不足，特别是学科知识匮乏，则很容易使自己陷入尴尬的境地。

记得那一次是市里要举行一个语文学科的"同课异构"活动，由两位教师共同执教《草船借箭》一课，为来自全市各区的教师做一个对比示范。两名执教者中的其中一人是我们学校的语文科组长，市骨干教师；而另一名执教者是别的区的一位教师，听说也是一位很不错的教师。当然，我对我们学校这位教师更加有信心，因为这位教师的功底我是清楚的，语文学科素养扎实，文学功底特别深厚。活动地点是在我们学校，在为两位教师选择上课班级时，我们还是按学校的惯例，为外校教师选择了全校语文底子最好的一个班，这个班就是我们也要上课的那位教师带的班级。俗话说，有其师必有其徒，这个班的孩子六年来在教师的言传身教下，阅读量特别大，毫不夸张地说，我们有些不爱看书的教师的阅读量可能都有所不及。对此我还专门做了我们上课老师的工作，怕她有想法。但老师一听马上欣然接受，因为学校传统一向如此，把最好的留给客人，所以老师毫无怨言。"有朋自远方来，不亦乐乎"，中华传统文化中的待客之道，理应如此。可殊不知，我们这一本来善意的举动却着实"害了"那位教师……

在学生对答如流、妙语连珠的配合下，这位教师那天的课进行得很顺利，很快就完成了预定任务。这时还有多余的时间，老师看学生们确实也是功底深厚，就问他们："同学们今天表现真棒！那抛开我们今天的上课内容，关于

《三国演义》，你还有什么和大家分享的？"孩子们你一言我一语，当真是口若悬河，也还真有点满腹经纶的样子，时不时还有"语不惊人死不休"的一幕，可谓高潮迭起。看得出上课教师很满意，我们下面听课的教师也觉得很过瘾。可就在这时，一个孩子忽然站起来说道：

"老师，我还知道'奸绝'曹操……"

"坚决？"老师狐疑了一下继续道："你是想说在赤壁之战中，如果关羽狠下心来执行诸葛亮的命令，坚决斩杀曹操，战局可能就不一样了是吧？"

天啊！这是什么跟什么呀？完全牛头不对马嘴！

课室后面的听课教师开始躁动起来，七嘴八舌小声议论着……

教师之所以这样接话，是因为前一个学生刚好说了关羽不听诸葛亮指令华容道私自放走曹操。但人家孩子说的是三国中的"三绝"——智绝诸葛亮、义绝关羽、奸绝曹操……

孩子马上声明："老师，我说的不是这个意思，我说的是'三绝'，知道吗？就是智绝诸葛亮、义绝关羽、奸绝曹操……"

孩子不经意的一个小反问句"知道吗？"让下面听课的教师再也忍不住哄堂大笑起来，却也让台上上课的教师面红耳赤。这就是典型的"师不如生"的尴尬啊。

这件事也让我们每一位传道、授业、解惑者引以为戒：虽说"弟子不必不如师，师不必贤于弟子"，但师者必须勤于炼器，要给学生一碗水，自己必先学无止境，成为川流不息之溪，汩汩不竭之泉，不要在一些最起码的知识上，一不小心毁掉了自己在孩子心目中本该有的神圣与权威。因为虽然我们不提倡教师将自己高高悬于神龛，以彰显自己的师道尊严，但师者该有的传道、授业、解惑的文化传承者形象不该轻易丢弃……

"降服"西喆

——特别的爱给"特别"的你

每个教师在自己几十年的从教生涯中，总有一些学生是让他们无法忘记的，或是曾经优秀的他和她，抑或是曾经顽劣的他和他们……

很多年过去了，到今天，西喆（化名）倔强、叛逆，却又带着几分不信任和犹豫的眼神还让我记忆犹新。说起这个小家伙，他可真不是盏省油的灯，小小年纪，却已让很多老师折在他手里，连哭着败下阵来的也有。因为过于叛逆，他可是敢拎起凳子和老师干架的主。而这样的阵仗即使放在十几年前，家长对"体罚"这个词还处于坚决支持态度的教育大环境里，老师也是经不起这样捣乱的。毕竟我们是成人、是老师，不可能真和孩子较劲儿，来个师生"火拼"。但在西喆似乎成熟事实上却极其不成熟的心里，可不会想这些，他可真是视你为真正的"敌人"，往"狠"处下手的。

那天，班主任老师又接到投诉了，说西喆又打人了，而关于西喆三天两头的打人、犯错、不交作业等小报告实在是太多了。班主任老师终于按捺不住，爆发了，跑进教室不问青红皂白就是一顿臭骂，最后还不过瘾，生拉硬拽把西喆拉进了办公室。话说我们这位老师也是生猛啊，一位女教师，不知道哪来的力气，对抗处于发育期（六年级了）力气已经很大的西喆，竟真让她成功做到了。奇迹！绝对是奇迹！

"你是不是又打人了？！"班主任老师怒斥道。

"打了！"西喆没好气地回答。

"你为什么要打人家？！人家招你惹你了？！"

"不为什么，也没招我惹我。"西喆漫不经心地对抗着。

"你！你！你发神经啊！人家没招你惹你，你打人家干吗？！"老师的满腔怒气又一次被成功激活。

"不干吗啊！就是打了！"西喆继续负隅顽抗。那一副玩世不恭的样子，好像就是在挑衅：看你能把我咋地！

"你！你！……你究竟想干吗？！不想读就别读了！退学回去想干吗就干吗！别每天在这儿给我惹麻烦！"老师已经气得快说不出话，临近崩溃的边缘，不得已使出了撒手锏：让其退学！

"好啊！退就退，记住是你让我不要读的哦！"西喆一副满不在乎的语气，可言语中明显带着"威胁"。是啊，教育法律法规的普及带来的另一个"好处"就是，教师是不能开除学生的，否则吃不了兜着走。

"你……"老师终于被气到无语……

也不知是心里的正义感在作祟，还是实在看不下去了，我也忍不住发声了。

"呦！怎么？西喆，真不想读书了啊？好啊，想退学啊，来我这里，我给你办退学手续。"我也是破釜沉舟了，顶着吓唬不住他自己就难收场的风险，想试试他的底线，我就不信，这么大的孩子会真想退学了！

西喆得意地撇开班主任老师，颇具挑衅意味地走到我办公桌前。

"你稍等我一下哈，我先问问领导这退学手续怎么办？"我假装要咨询领导，拿着电话走出了办公室……实际上我是去给西喆的姑姑打电话（我们几位老师一直纳闷儿，西喆的事儿怎么都是姑姑在管，父母呢？但家长一直对此话题讳莫如深，我们也不好太过深入地询问）。我一方面说了今天的事，一方面也说了我准备破釜沉舟吓唬吓唬他的想法。西喆的姑姑听了我的汇报，对西喆的行为非常生气，连声道歉作为家长没管好孩子，对我的办法也表示赞同："杨老师，不好意思，这孩子给你们惹麻烦了，你就帮我好好收拾收拾他，我看他有几个胆子敢签，我一会儿过去学校，一定让他认错……"

我稳了稳情绪，回到办公室："已经问清楚了，稍等哈，我先打一份退学申请……"

随后，我装模作样地在电脑上打起了"退学申请"，申请的内容不外乎由于西喆长期不听老师的话，屡次无故打人、不交作业，然后申请退学，最后还不忘编了一句，这是申请者的个人行为，与任何人无关。

老师们，很明显这是一份没有任何根据和约束力的"退学申请"，我当时只不过是想用它唬住西喆而已，但即使是这样，就算是事先和家长沟通好了，只是为了教育西喆而共同演的一出戏，只是一个迫不得已的教育手段，放到今天的教育大环境下，这也是给自己惹麻烦的"证据"啊。

回到正文。

西喆看我煞有其事地打印了退学申请出来，明显脸上有了一丝心虚，接着看我还拿了印泥（平时给孩子们盖小红花的）出来，要他签字、按手印，这下他终于扛不住，慌了。

"杨老师，我不要退学！"

"你刚才不是一直坚持要退的吗？怎么这会儿又不退了？"

"我没说，是班主任老师说的，我不退！"

"哦，看来还想读书啊。确实，这么小年纪就不上学，到了社会上能做些什么呢？前几天学校招保安都要求至少高中学历，很多好的工作就更不用说了。唉……真可怜，如果真退学了，就只能去捡垃圾了……"我摇了摇头，一副同情的表情。

"我不退学！我不退学！"他更慌了，终于急了。

"不行！你今天必须退学！因为你的行为已经违犯了学校的校规，天天迟到、早退、不交作业，也违犯了一个学生应该有的行为规范，你自己去看看班级墙上贴的《小学生日常行为规范》，尊敬师长、团结同学，你做到了哪一样？！"我故意提高音量，态度"强硬"起来。还试探着把签名的笔塞到他手里。

西喆握紧手掌，就是不接笔。

"不签名也行，那就按手印吧，你应该也知道，按手印也是具有法律效力的。"接着我又试探着去拉他的手过来按手印。

他拼命把手往后缩，就是不肯，并且一直坚挺的最后一根稻草也终于倒塌。

"杨老师，我不要退学，求求你了，我还想读书……"他着急地哭喊了起来。

此时，办公室里的老师们都悄悄笑了，因为西喆可是"名人"，他的厉害很多人都领教过，而今天居然在我手里哭了，这可是破天荒的第一次！

"看样子你是真还想读书，是吗？"我开始给台阶。

"是的，老师，我还想读。"西喆抹着泪诚恳地回答。

"那你觉得自己现在的行为像一个学生吗？"

"不像。"

"知道自己错在哪里了吗？"

"知道了。"

"说说看。"

"我不该经常迟到、早退、不交作业，还和同学打架，欺负女同学……"

"还有吗？"我故作严厉地追问，同时暗示性地看了一眼刚才被他气晕的班主任老师。

"还有就是故意和老师作对，气老师……"

"这么多的坏习惯，不改掉怎么能继续做学生呢？"

"我改！"

"我能信任你吗？"我假装狐疑地看着他。

"能的，老师，我一定改！"

"好！那我就信任你一次。但你要永远记住，男子汉说话必须算数！能做到吗？"我边说边和西喆拉了钩。

"能！"西喆斩钉截铁地答道。

"那……"我眼睛再次瞟了瞟正一脸惊愕地看着我和西喆的班主任老师。

西喆缓缓地走过去（多机灵的孩子，一个眼神儿就已经知道我的意思），低声对班主任说了三个字："对不起！"

办公室里虽没有响起掌声，但我看到了老师们惊愕却也欣喜的眼神……

不得不说，我是冒着"吃不了兜着走"的风险，"赌"了一把。如果西喆当时真签了这份假退学申请呢？我该怎么办？再如果当时逼急了他，他跑出去出了啥事儿，我又该怎么办？想想确实后怕。

但生活中没有那么多如果，不管怎样，从最后的结果来看，这一局，我——赌赢了。

后来，西喆的姑姑来了，当然也继续配合老师对西喆进行了批评教育。看到我居然让西喆"服服帖帖"认错，他的姑姑也放下了包袱，告诉了我西喆父母的情况。原来西喆的父母已经闹离婚多年了，因此两人谁都不管西喆。是姑姑看不过眼，才把西喆接过来照顾的。可以说，这孩子从小就失去了父母的爱，性格怎能不如此？如果说姑姑给了他些许母爱的补偿，但父爱却是空白的。听到这里，我的眼眶也湿润了，原来这才是问题的根源所在啊。

我走出办公室，把在外等候的西喆叫了进来，并有意把他搂在臂弯，让他和我坐在一起。

孩子居然脸红了，很不好意思地低下了头，但从他低头时一刹那的余光里，我看得出那是久违的依赖感和幸福感。西喆虽顽劣，但毕竟还小，还是个孩子，正是需要父母亲情滋润的年龄，内心的情感却如此干涸……可怜的孩子，辛苦了……我在心底默默地叹了一口气。

从此，我便多了条"小尾巴"，每天西喆总会来我这里报到，汇报他今天的表现。而我也会有意地给他一个父亲般的回应，或一句严厉却不失温暖的鼓励，或一个充满男子汉爱意表达的熊抱，更或偶尔善意地假装踹一下他的小屁股："还不赶紧的！"而每当此时，西喆就一溜烟地飞跑出去，却总会惹得在场的老师和学生哈哈大笑，都开玩笑说我收了个干儿子……

"一个问题孩子后面，总有一个问题家庭。"这话我不知道是谁最先提出来的，虽有偏颇，却也犀利地点出了家庭教育在孩子成长过程中的重要性。我们老师能做的，也许只是用自己的爱去尽量弥补那些缺失吧……

第二十五例

学会"佯怒"，收服班级"刺头"

——教师，要学会"演戏"，更要学会"导戏"

冲动是魔鬼，耐心是保护自己的最好屏障，这是班主任必须坚持的。但如果自己带的班里出了个厉害的"刺头"，这时能否保持冷静，机智地收服"刺头"，确实是令很多老师头疼的问题，这也是为什么常常有教师向我诉苦："杨老师，我们班上的某某油盐不进，好坏不分，就喜欢和老师对着干，有什么招没有？""杨老师，我有个学生长期不交作业该怎么办？""杨老师，我班上的某某在学校拉帮结派打架，该如何是好？"一些女教师，特别是年轻、刚走上讲台的女教师被学生气哭的事儿也时有发生（如前面提到的西喆）。我就亲眼看见过这样的事儿。曾经一位同办公室的女教师，接班第一天就被班上的一位"刺头"给气哭了，后来只要一提到她班上的这位学生，她马上花容失色，惊恐疾呼："魔鬼！别在我面前提他！"

诚然，这位女教师的表现确实是夸张了一些，也有逃避、不尽责的嫌疑，但事实上在我们的实际教学中，的确有那么一些学生，那可真是油盐不进、软硬不吃，你没点"狠招"应对他们，他们可是誓不低头的。这里就给大家支个招——学会佯怒。

我一向认为，教师和学生之间还是要保持一定距离的。因为多年的管班经验告诉我：如果你让你的孩子只是喜欢你，而对你没有一点儿敬畏，你就等着像我刚才说的那位女教师一样，面对一个个"魔鬼"吧。当然，这也要看学生素质。如果你的学生整体素质较高，说白了，家庭教育背景比较好，那你真可以做一个让孩子只喜欢，而无半点儿畏惧的老师，但那是我们在电影、电视里经常看到的最理想的状态，现实可没那么美好。"理想是丰满的，现实是骨感的"，真不走运遇到"魔鬼"时，还真得像钟馗一样，吓唬吓唬他们才行，而且一定要把吓唬的阵仗弄大些，动静越大越好，杀鸡儆猴，得让他们知道天外有天，人外有人，孙猴子永远跑不出如来佛祖的手掌心。

黄祖德（化名）在学校里可是名人，大家私底下都叫他"刺头黄"。他的知名度可比当初的西喆高多了。怎么说呢？西喆犯的错他都有，但他还有一点比西喆更"狠"、更出名的，那就是很多时候他要谋划去做什么"好事"时，往往不亲自动手，而是鼓动手下的"喽啰"去动手，这显然就有做"大哥"的嫌疑了。所以他成了全校的"名人"，上至校长、老师，下至同学，没一个不认识他的。每次班里调换座位，家长们总是给老师施压，唯一的要求就是要让他离自己的孩子远些，他可谓"名声在外"。

我接这个班的第一个月，一切按部就班，好像也没大家说得那么严重，祖德课堂上虽常有不听课的表现，但总的来说我们的相处也还算相安无事。

那天下午，又是我的数学课，我像平常一样给学生讲解着知识点，祖德在课中又有做小动作不听课的举动。但在我的提醒下，他也还算给面子，都收敛了。但随着时间的推移，到后半节课时，也兴许是下午，天气热，人比较容易烦躁，他再也忍不住，左瞅右瞧，坐立不安，还拿手中的笔做"梳子"，去"梳"前面女同学的头发。我看这太过分了，就当众严厉地批评了他，见我生气了，他也停止了继续恶作剧，把手中"作案"的笔收了起来。

然而好景不长，收敛了两三分钟后，变本加厉的一幕再次上演。这一次他居然怂恿旁边一个男同学一起想要把一块口香糖（不知什么时候悄悄嚼过的）粘到一位女同学的头发上！

"太过分了！太恶劣了！这怎么可以？！我的课堂怎么可以允许这样的事发生？！"我心里想着，于是大声训斥道：

"黄祖德，你想干什么？！"叱问的同时我也在观察周围的一切，为接下来的行动做准备。

"我没想干什么啊？"他理直气壮地回答我。

"把手伸出来给我看！"我命令道。

他把没东西的一只手伸了出来。

"另一只！"

只见他随手把口香糖往课桌里一粘，伸出手告诉我：

"什么也没有啊！"

殊不知这一切根本没能逃过我的法眼。

我大步走了过去，也顾不得恶心不恶心，一把从课桌箱底把口香糖揪了下来。

"这是什么？"我厉声问道。

"这不是我弄的，是他弄的。"他果断地指了指刚才的"同伙"。

"我明明看到是你弄上去的，怎么又说别人？！"我怒道。

"你不信看他的桌箱啊，糖纸还在里面。"他反驳道。

万能的上帝啊，果不其然，他又成功地把过错转嫁给别人了。小小年纪，居然能"算计"到这一步，这是用证据说话啊，真要追究，还真不一定能说得过他。这样的脑袋瓜，长大不去做个间谍都可惜了。

我"啪"的一声手掌拍在他桌面的书上，这一拍我是铆足了劲儿的。随着桌面的闷响，桌面上的书本洒落一地，教室里也突然安静了下来。再配合着我"吓人"的表情，祖德终于被我的气势震慑住了，我也第一次在他的眼神中看到了"怕"字。

我的第一步——"敲山震虎"成功了！

"也许口香糖是他的，但我刚刚明明清清楚楚地看到是你粘上去的，你俩还合谋想粘到人家女生的头发上，你当我都没看到吗？"然后我走上讲台，面向全班道：

"告诉你们，为什么这个叫讲台的位置是专门给老师用的，因为站在这个位置老师能把你们每一个同学的表情、动作都看得清清楚楚。很多时候，你们偶尔的小动作老师没过问，是给你们机会，相信你们会改正，并不是看不到。在老师的眼中，你们课堂上的任何小动作都是无处遁形的。"我伺机又对全班进行了"杀鸡儆猴"。

随后我走到祖德位置前："现在你已经严重干扰了我的课堂秩序，从今以后，既然你不听，那我的课你就不用上了，现在请你出去！注意，一旦出去，以后你就别想再进来。"我也怕他真跑出去，那我还得追回来呢，所以先给个"警告"，实际是铺个台阶缓一下，免得彼此难堪罢了。

这下，祖德终于感到了事态的严重，有些怕了。

事情发展到这个地步，课是没法正常继续了，我一边安排其他孩子做练习，叮嘱班长出来负责纪律，一边对祖德说：

"你自己不出去是吗？那我请你家长来领你出去。"一切尽在我的掌控中。

我走出教室拿出手机，开始和家长沟通。（老师们请永远记住：教育的方式方法很多时候没有太多的优劣之分，除效果和目的外，关键还在于你所采取的方法家长接不接受，愿不愿意配合。如果家长和你的战线统一了，那你的方法就是好的、有用的；反之，如果家长哪怕有丝毫的不情愿，你所采取的教育手段都有可能成为家校沟通矛盾的突发点、导火索。）

一番商量沟通后，家长自然是很愿意配合的，毕竟如果家长实实在在感受到了我们老师的真心和诚意，知道我们是发自内心、真真正正地为他的孩子好，他们又怎会拒绝配合我们？

祖德的父母在学校旁边开了个小卖部，所以家离学校很近。不一会儿，他的妈妈就匆忙赶了过来，我们在教室外又简单对了一遍戏，一出"苦情戏"也就拉开了帷幕……

我推开教室门，再次气势汹汹地走到祖德面前：

"好了，开始让你自己走你不走，现在你妈妈已经过来了，正好她亲自把你领走，以后你自由了，想怎么样老师也管不着你了……"

我的一番说教还没结束，只见祖德妈妈就一把鼻涕一把泪地走了进来：

"平时天天叫你学好，你不听，这下好了，被退学了，看你上哪里找书读，呜呜呜，你也清楚我是没有能力给你再找学校读书的，这可怎么办？呜呜呜……"边说边开始收拾他的书包文具。

哇！果然高手在民间啊，祖德妈妈绝对可以角逐本年度奥斯卡最佳女主角，这演技真真比我强多了。

祖德一看这架势，知道我是动"真格"的了，终于"哇"的一声哭了出来："我不要出去，我要读书……"这可是开天辟地第一次见他服软啊。

"你天天惹事，哪个老师受得了你！走！跟我走！"祖德妈妈收拾好东西，开始拽祖德。

"我不惹事了！我不惹事了！……"祖德死死拉住桌子不肯走。

我看时机成熟了，于是接着说道：

"现在知道错了？真不惹事了？真想读书？"

"是的，我知道错了，不惹事了，我还想读书……"

我给祖德妈妈递了个眼神："这样吧，马上也下课了，祖德妈妈，你先带他到办公室等我吧。"

祖德妈妈会意："走！先跟我去办公室等老师，一会儿好好求求老师，看老师还能不能给你一个机会。"说完，她领着早已满脸泪水的祖德向办公室走去……

结果不用说，在我和祖德妈妈两位"奥斯卡最佳男女主角"的配合下，自然是把这位"刺头"收拾得服服帖帖。祖德自此以后，也逐渐走上了学习成长的正轨。

老师们，这就是"佯怒"的功效，是我们老师迫不得已时出奇制胜的法宝。不过这里有一点要特别提醒大家注意，那就是我们必须深刻领会"佯怒"这个词的含义。这个词我查了一下，最早应该是出现在罗贯中先生的《三国演义》第七十二回杨修之死一节里：曹操既杀杨修，佯怒夏侯惇，亦欲斩之。"佯怒"一词意指假装发怒，而非真正发怒，它的落脚点在"佯"，而不是"怒"，弄清这点是非常关键的。因为如果你的发怒是佯装的、演出来的，那一切环节都在你的控制之下，你不过是在自导自演，你当然不会头脑发热，不会因冲动而做出出格的事。说白了，你只是在演场戏吓唬吓唬人而已。但如果你是真的发怒，那就麻烦了，你分分钟都有可能怒发冲冠，控制不住自己的情绪和行为，故而因为冲动而做出不明智的举动，犯下让你后悔一辈子的错误。所以老师们用这招时千万要在心里稳住自己，告诫自己，冲动是魔鬼。千万不要你没收服"魔鬼"，而自己却变成了真正的魔鬼。要把握好"佯怒"的度，而且不到万不得已还是慎用。切记！切记！

回顾这件事，还有几个关键点值得我们借鉴和注意：

第一，再调皮的孩子都有其薄弱点，我们要善于观察、发现，并利用这些点去实施有效的教育措施。

第二，有些"铤而走险"的教育手段必须慎用，不要弄巧成拙。比如这个案例中"敲山震虎，拍桌子造势"这一招就得注意。拍之前你得观察桌上有没有削好的铅笔、圆规之类的利器，否则你怒发冲冠大力一拍，笔尖、针尖跳起来戳伤要教育的孩子或旁边的孩子的眼睛那岂不弄巧成拙？还有就是拍桌子得看桌上有没有一本垫着的书本之类的东西。拍书本声音大而且不伤手，不容易损坏桌椅，不然你一巴掌拍下去，疼得自己手没法抬起来，这岂不是得不偿失？当然，拍的力度也有讲究，力道小了声响不够，镇不住；力道大了，很容易伤人伤己。你看，小小的拍桌子也有这么多讲究，教育看起来简单，但真要把它做好、做精致，又是件多么复杂的事儿。

第三，还是老生常谈的问题，就是家校沟通的问题，诚如在前面很多案例里我提到的："家长理解你了、认可你了、配合你了，你的方法就是最好的，因为它是最适合的；反之，如果家长哪怕只有一丝的不认可、不理解和不配合，都将对你接下来的教育产生极大的影响。"所以，争取家长资源，家校合作，携手共同参与孩子的教育，是我们教育得以顺利实施的保障之一。

第二十六例

细节决定成败

——"校有一老，如有一宝"

在同一个学校里，哪怕是那些公认的所谓名校里，教师之间的教学管理水平、班级管理水平也是参差不齐的。普通学校里有水平很高的教师，名校里也不见得全是名师，这是不争的事实。所以无论身处什么样的学校，我们都要经常审视自己，看清楚自己处于哪个层次，经常反思自己：同在一间学校，你训练集队，我也训练集队，你强调纪律，我也强调纪律，可为什么人家的学生集会时整整齐齐、安安静静，自己的学生却乱成一锅粥？

曾经在一篇文章里看过日本松下公司管理的理念，大致可以理解为大事专管、小事严管。因为他们觉得大事都是经过高层集体决议的，有专门对应级别的领导去承担和处理。而对于一线员工，管理好小事，注重细节更为重要。松下对培养人才有自己独到的见解，其中有训练员工细心的培训。比如对于生产现场的管理，要求员工对现场滞留物进行管理，重要的是区分要与不要。不用的东西坚决清理出现场，不常用的东西放远点，偶尔使用的东西集中放在储备区，经常使用的东西放在作业区，等等。这就给了我们最好的借鉴，班级管理，同样细节决定成败。其实这放在任何领域，我想应该都是通用的。

这里给大家说一个老教师管班的例子，这个例子在我的第一本专著《杨松和他的灵动课堂》一书中曾经提到过。

那是我曾经待过的一所学校，在当地很有名，而学校当时有两位老教师在辖区老百姓心目中的名气也一点儿不输学校的名气。她们在班级管理方面让我学到了很多很多。如今她们都早已退休，但在班级管理方面，她们二人绝对是让学校所有人佩服得五体投地的。因为二人确实都自带铿锵玫瑰的气魄，她们带的班级谁接手简直就是抢到宝了，管理起来得心应手、毫不费劲。学生无论是学习基础还是纪律方面，绝对可以放心，可以直接盖上"免检"标志。而这样的效果是怎么来的？我曾经仔细观察和研究过她们管班的艺术，发现她们两位有一个共同的特点，那就是对待学生犯的错误一个都不会放过。当然不是说事事严处理，但事事都得处理，在严与爱之间的拿捏度很值得我们借鉴。

我曾有幸和其中的一位老师搭过档，教一个班。记得那一次我的课，我们班有两个学生传纸条被我当场逮住了，纸条内容也就是些幼稚的谁喜欢谁之类的搞笑言语。说真的，我当时全当是小孩儿的恶作剧，就只针对课堂上传纸条这个行为对两个当事的学生进行了批评教育，也不想再耽误上课时间，就继续讲课了。可后来这事儿不知道怎么让×老师知道了，那天下午我刚一进办公室，就看见我们班的好几个学生排成一排（还有几个其他班的），正洗耳恭听接受×老师的谆谆教导。一打听才知道，原来×老师知道这件事后，本着"要把错误掐死在萌芽状态"的一贯作风，打破砂锅问到底，硬是从最初那两个学生的口中，层层剥茧，把我们班还有这种苗头的"同伙"，甚至包括其他班和我们班有瓜葛的，一股脑儿都给揪了出来。那一次，我们六年级"大扫荡"，一个供出一个，最终一个也没跑掉！类似的"纸条"问题在六年级也就再也没发生过。

还有就是学校组织活动，学生集会时，我们有的老师就看一个班都看不住，乱哄哄闹成一片，而我们这两位老师，只要往队伍前面一站，不用多说一句话，不仅是自己的班立刻安静下来，就连旁边的班也能自然而然地安静下来。你说她们"凶"吧，也没见人家扯着嗓子去骂学生，而且学生照样喜欢她们，每年毕业后返校看望她们的学生和家长多不胜数。

举个例子，我们学校绝大部分学生中午都要在学校吃饭午休。每当这个时候，老师们班级管理水平的差异就会暴露无遗。有些班安安静静、整整齐齐，我们班就属于这一类。而有的班则打闹声不断，老师在前面待着，好像后面没学生，后面学生也根本没感觉前面有老师在带队。说话的、和旁边同学打闹的，那可真叫一个热闹。为此，政教处不知开了多少会，甚至和经济挂钩的方法都用了，每天评分，月尾评不上文明班，就扣奖金。其实啊，这几十块钱事小，关键是我们的老师始终不明白自己究竟哪里出了问题才是大事。工作了几十年，带班带了几十年，还是涛声依旧。你说我们的老师没管吗，我看他们也管了，什么时候管？学生被打哭了才管，说话同学被值日生抓到扣分了才管……虽说亡羊补牢，为时未晚，可老这样也不行。有这么一句老话："要把罪恶掐死在摇篮里。"这就告诫我们，得注意细节，在小错误没酿成大错误之前就注意到它，消灭它，这才是治班之道。就像我们班，我带队永远是走在队伍后面的，而前面总会找两个乖巧、会来事儿的学生带队。这样做有两个原因：第一，我在后面，随时可以看清楚哪个调皮鬼捣蛋了，我看得到你，你看不到我，那你不得小心我随时从后面给你"温柔一刀"？当然这"一刀"出手也得有点儿艺术：看到某生又在说话了——"怎么？快12点了，精力还这么旺盛，我看可以考虑去操场跑两圈再回来……"看到某生又走歪——"咱们的队伍是两排，你怎么排到第三排了？难道你要另立门户，做掌门人？"看到某生的小手又痒痒了——"刚才我看你去弄别人了，待会儿吃完饭来我办公室咱俩促膝长谈噢……"这样的语言既达到了震慑的作用，又幽默风趣易被学生接受。时间长了，学生知道你是认真的，你的习惯也是一丝不苟的，你是一个都不会放过的，他自然会怕，会约束自己的行为。而很多时候，同一个行为约束规范的时间长了自然也就成了习惯了，而好习惯不就是这么养成的吗？它必须经历从强制约束再到自然形成的过程。

再说第二个原因。我为什么要选两个乖巧、会来事儿的学生带队？他们在前面遇到老师，特别是值日老师会主动热情地打招呼。这前面一呼，后面跟着的学生还不都跟着百应？如果只是找学习成绩好、问声老师好都低着头不敢正眼看老师的学生，先不说能不能起带头示范作用，也影响班级形象啊。

上面的"纸条"事件后我也曾经问过学生："你们不常唠叨×老师严厉、啰唆吗？怎么还这么喜欢她呢？"学生回答："如果我们犯了错，老师一定会打破砂锅问到底的，然后一遍又一遍地做思想教育，像唐僧一样，我们都怕她这一招，所以就不敢再犯了。当然，×老师处理事情很公平，我们也很服她。"

所以啊，老师们，要想干好一件事，细节不容忽视，从小处着手，从小事抓起，以小见大，方有成功的可能。正如威廉·布莱克在《天真的预示》中写道："一粒沙里看世界，一朵花里见天国，在你掌中盈满无限，一刹那便是永恒……"

第二十七例

精心的预设造就精彩的生成

——"杨老师，那0究竟是什么数？"

课堂是预设和生成的综合体，只有精心的预设和精彩的生成共同作用，才能造就灵动、智慧、艺术的课堂。

1949年12月，教育部召开的第一次全国教育工作会议提出教育改革，实行对旧课程的改造，初步确立了我国中小学新课程体系，形成了全国统一教学计划、统一教学大纲与统一教科书的"大一统"课程模式。2001年6月，国务院批准《基础教育课程改革纲要（试行）》，标志着我国基础教育课程改革全面启动。再到今天，我国义务教育课程改革已经施行了8轮。在这8轮课改中，我们印象最深的应该是2001年这一次，它的辐射之广、影响之深、力度之大是前所未有的，以至现在我们经常提到的"新课改"，很多时候都泛指这一次。

作为一名小学数学教师，2001年的课改着实"惊艳"了我。单说新课程标准的颁布，前言部分的全新撰写，"人人学有价值的数学，人人获得必需的数学，不同的人在数学上得到不同的发展（2011年版有调整）"以及"情感、态度、价值观等方面的发展既不是与数学课程无关的教育目标，也不是数学知识教学的'副产品'，其本身就是数学教育的重要目标"等理念的提出，就已经颠覆了以往大家对课程本质的看法。

而教材的全新改版，更是让我们眼前一亮。我当时所在的地区使用的是北师大版实验教材。该版教材从2001年秋季起在全国的17个省22个第一批国家级实验区使用。还依稀记得当时新教材一到手，单单感官上带来的视觉冲击就让我为之震撼了，教材的革新力度用"翻天覆地"来形容一点儿不觉得夸张。给我最直接的感觉就是"文字少了，图画多了"。学生喜闻乐见的卡通人物"淘气""笑笑""机灵狗"和"智慧老人"的出现，让教材给人感觉更像是一本好看的童话书。编排顺序上，从原来的以某个知识点为章节的单元编排，变成了"知识点分散，螺旋式上升"的结构。而"问题情境—建立模型—解释与应用"的叙述方式编排，较以往也大为不同。诸如"买文具、生活中的数、歌手比赛……"等情境替代了原来以知识点为单元题目的方式，让学生从各个角度，理解生活中处处有数学，体会到数学在社会生活中的广泛应用…… 一切都那么新鲜、新奇、新颖……

不过，最让我震惊的还是"负数"的引入。20世纪八九十年代以前的人都知道，负数这一知识点在老教材体系中是七年级，也就是初一才出现的，而新版的教材居然在小学四年级就出现了正负数的认识，这不得不说绝对是跨越、飞越，甚至是颠覆。所以还记得2005年秋季，新版四年级教材刚一问世，教材中负数的横空出世也如预期般立刻引起了教育界的轰动。大刊小报、电视媒体都给予高度的关注，当然，也激发了我要上这节课的冲动。

我一向提倡"人格分裂式"备课法（就是在备课的过程中，想象自己是在课堂上，并不断变换身份，一会儿当老师，一会儿当学生，然后根据自己的设计思路，把整个教学过程不断在脑中演化，探演每个教学环节可能的变数，以期让课堂更加全面、灵动）。当我在脑中演化教学设计到"0既不是正数，也不是负数"这一知识点时，忽然一个机灵，如果我是学生，课堂上如果我的老师这样给我说0的性质，我马上会想到什么？毋庸置疑，学生肯定会想：那0究竟是什么数？

"0"在这里究竟是什么数？说实话，我当时也不知道。毕竟"金无足赤，人无完人"，谁也不敢说自己的知识结构是完整的，我们都在不断学习补充中。于是，我开始查找资料，这才知道原来0叫作"中性数"。

经过多次试教和折腾，课终于打磨好了，我也开始应邀在全国各地进行展示。但令人遗憾的是，我这一上就是三年，全国各地算下来没有一百场也绝不少于五十场，可居然没有一个学生提出过这个问题！难道真的是我的预设太自我了？学生真的压根儿就不会想到这个问题？

不！绝对不可能！我们稍微想一想就知道，但凡思维正常的人，在那样的课堂节点，心里一定会有"那0究竟是什么数"这样的疑问。可为什么事实却是无一人想问？无一人敢问？这就是我想说的另一个"悲哀"了——我们的孩子太善良，他们知道这样的公开课场合要尽量配合老师，不该说的不能乱说，不能给老师找麻烦。这也是我们多年来"填鸭式"教学的后遗症：他们早已经习惯了逆来顺受、被动地接受。也正是这些原因，使得我三年来，心中的郁闷无以言表。因为这是多么好的一个知识点啊，孩子们居然就这样放弃了。而我作为老师，又不能主动把这个知识点灌输给他们。老师们要记住，任何时候，凡是这种涉及超纲，不在教材大纲要求范围内，属于我们自己所谓"挖掘"出来的知识延伸点，如果孩子们不是在前置学习中知识积累到一定程度，达到呼之欲出的状态并自然而然地产生了追寻新知的兴趣时，我们作为老师是绝不可以为了彰显自己对教材有多么熟悉，显示自己挖掘教材有多深，而硬把这一类知识点强行灌输给学生的。那样，就失去了拓展的意义，也违背了教学的规律、知识生长的规律，是对学生的另一种不负责任。所以，我只有一直憋着不讲，没承想这一憋就憋了三年。

时间转眼到了2008年，还记得那一次是成都的一个活动邀请我去讲课，上的还是"生活中的负数"这一课，用的是川师大附小四年级一个班的学生。这堂课对我来说，真可谓千锤百炼，所以一路很顺畅地进行着。但当我按部就班地讲到"0既不是正数，也不是负数"这个知识点时，话音刚落，只见班上一个小男孩儿忽地站起来，大声问道："老师，那您说0究竟是什么数？"

我抑制不住内心的狂喜，几乎想高呼："宝贝儿啊，你终于出现了！知道吗？老师等这一刻已经足足等了三年了！众里寻你千百度，蓦然回首，原来你在川师大附小处啊！"

我故作不知，问道："哦？那你觉得0应该是什么数呢？"

男孩儿想了想，答道："我觉得叫正负数吧，因为它既不是正的，也不是负的。"

话音刚落，其他孩子不答应了，齐声质疑："不行的！你这样叫那究竟算正的，还是负的啊？"

果然，真应了咱中国那句老话"龙生龙，凤生凤"啊，这话虽说有些偏颇，但咱们大学教授们的孩子确实厉害啊，从小这质疑探究的精神真不是盖的，班上学生顷刻间开始了争论。

我一看，火成功被点起来了，心里一喜，伺机引导："同学们，这样吧，老师给大家3分钟的时间，咱们商量商量，给0取个名字，怎么样？"

"好！"孩子们异口同声地回答，立刻投入给0取名的争论中。

教室里叽叽喳喳，好不热闹！

未知，永远是激起兴趣最好的诱因，这一点儿也不假。叽叽喳喳的课堂，也不见得就是不好的课堂。

"老师，我们小组觉得0应该叫'分界数'，因为书上说了'0是正负数的分界点'。"孩子们受到启发。

"老师，我们小组觉得应该叫'冰点数'。"好家伙！刚刚才介绍了通常情况下，0摄氏度时，水会结冰，这"冰点数"就诞生了，好样儿的！

"老师，我们小组觉得叫'中间数'比较合适。"

（"中间数"，老师们，这已经无限接近0的本质了！）

"哦，为什么给0取名叫'中间数'呢？"我追问道。

"因为所有的正数都比0大，所有的负数又都比0小，我们观察到0刚好处在正数和负数的中间，所以叫'中间数'比较合适。"

"太棒了！"我抑制不住内心的狂喜，表扬道："孩子们，你们的分析相当正确，你们对数的感觉也相当到位，你们的想法和数学家们的想法一样。正因为0具备这样的特征，所以在这种情况下，数学家们把它叫'中性数'，明白了吗？"

"明白了！"教室里洋溢着获取新知后成功的喜悦！有孩子们发自内心、最原始的情感表露，当然，也有我传道、授业、解惑后的无限欣慰。

老师们，这就是"0究竟是什么数？"的课堂故事。这个故事给我们三点启示：第一，精心的预设才能造就精彩的生成。试想，如果我备课时没有从孩子的角度去精心预设这个问题，也没有去查阅资料弄清楚0究竟叫什么数，做到胸有成竹，那么即使那天发生这样的教学契机了，我又该如何处理？还能如此游刃有余吗？我想答案是否定的，那一定是另一个教学尴尬的生成。第二，要尊重孩子，相信孩子，从内心尊重，从源头尊重，真正去了解他们会想什么，有可能想什么，这样我们才能从孩子的角度去设计最适合的教学。而最适合的，永远是最好的。第三，要相信规律，相信知识发生、发展的规律，相信孩子生长、成长的规律，这样我们就能静下心来，耐得住性子"静待花开"。只要是符合规律的，就是正确的。终有一天，它一定会在不经意间来临，因为那是最贴合人性的，它具有生长的温度……

第二十八例

读懂教材，教学的关键

——执教"周长"，"一周"的内涵是关键

前面提到过，无论是哪个版本的新教材，无一例外都有一个显著的特点，就是教学插图的增加使得新教材看上去不再像原来一样密密麻麻全是字，美观了很多，有趣了很多，生动了很多，也更利于教师在教学时营造教学情境。但不得不承认，事物总是带有两面性，有时过多地依赖插图，文字叙述和释义太少的话，对一线教师，特别是年轻教师来说，也是不小的挑战。比如下面这个知识点（见下图）。

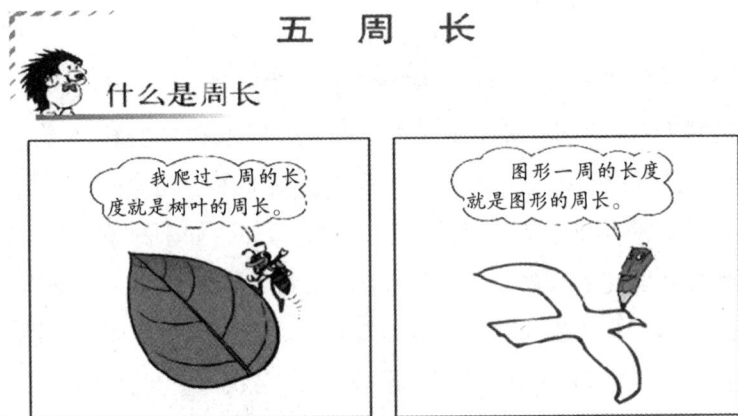

五　周　长

什么是周长

我爬过一周的长度就是树叶的周长。

图形一周的长度就是图形的周长。

北师大版小学《数学》教材《周长》截图

这是北师大版新教材对"周长"内容的呈现。众所周知，"周长"这个概念不要说是在小学阶段，就算是放在数学整个空间与图形领域来说都是举足轻重的。然而就是这么一个重要的概念，新教材在主体部分只给了两幅图，第一幅图画的是一只小蚂蚁绕着一片树叶爬，并给小蚂蚁配画外音："我爬过一

周的长度就是树叶的周长。"第二幅图是一支卡通小铅笔头和一只鸟的形状，卡通铅笔头的画外音是："图形一周的长度就是图形的周长。"接下来设计了"描一描""摸一摸"等活动。

很显然，这相较"若干条线段首尾相接围成的封闭图形的总长度叫作这个封闭图形的周长（《小学数学教材资料包》，北京教育出版社，刘增利主编）"，或"环绕有限面积的区域边缘的长度积分叫作周长，也就是图形一周的长度（百度百科）"这样对周长准确定义的表述是远远不够的，这无形中也给教师们提出了要求：专业知识必须过硬！否则，必将又是一出教学尴尬戏。

这一次的课堂故事发生在一次新教师的招聘会上。面试环节，小学数学学科给的试讲题目就是三年级上册《周长》这一课。我作为主考官，在每位新教师进来试讲时，都按惯例先翻看一下他们的简历，以便做出更全面的评判。可那天令我捧腹的是，连续进来好几个面试者，我还没看完他们的简历（大概也就四五分钟），忽地就听不到试讲的声音了，我一抬头，试讲教师告诉我已经试讲完了。我诧异地问道："老师，您这么快就讲完了，您觉得您的学生能听明白吗？"

试讲的小伙子想了想告诉我："我觉得应该行吧。"很显然，他自己都有些迟疑。

"哦，那您能不能告诉我教材下面的活动中要求教孩子画一个图形的周长，教学时我们要注意什么？"

"要注意沿图形的边沿，还要注意从起点再回到终点……"老师郑重其事地解释道。

而当我听到他说"从起点再回到终点"这一句时，已经彻底地放弃了。

"好的，谢谢您！咱们就面试到这儿，请回去等候消息。"我礼貌而程序化地结束了他的面试。

老师们，诚然，就这么两幅图，模拟讲课既没有学生，又没有互动，也不能真实地进行"描一描""摸一摸"等活动过程，加之刚刚毕业的大学生，他们对于教材的解读能力、对于知识内涵的理解能力肯定还不够火候，自然也就没什么话可说，这些我都能理解，但将周长定义为"沿图形边沿从起点回到终点"，那问题就大了。从起点回到起点，表示这是一个封闭图形，而从起点到终点，一条线段也可以这样说，这就是学科本体知识储备的问题了。

这里"小蚂蚁"和"小铅笔头"对于周长的概念概括都是描述性定义，没有明确指出必须是封闭图形才能说周长，也没有明确点明周长的两个基本内涵：一是指图形边缘的长度，也就是说描周长时必须沿图形的边沿描，不能画到里面去；二是必须是封闭图形，也就是画周长时要从起点再回到起点。弄明白这两点，学生才算真正理解什么是周长。而不是仅看一看、描一描、摸一摸，那是表面的、肤浅的。

当然，教材资源就这么两幅图，对于教学新手来说，确实也是为难他们了……

"千人同课"的尴尬

—— 一场比赛，五人发射"神舟五号"

备课要有新意，要有亮点，特别是比赛课。一般能冲进决赛的课，一定是经过层层选拔的。这些课在教学目标的达成、重难点的突破等方面肯定都是经过千锤百炼的，一般不会出什么大问题，往往这时候拼的就是有没有给人眼前一亮的新意，有没有让人过目不忘的亮点。但我们更要避免"千人同课"的尴尬局面。

那是2004年，某地区举办小学数学优质课比赛，我应邀做评委。记得当时有五位参赛选手都抽到了小学三年级数学"位置与方向"这一内容。

比赛第一天，一位女教师一上台就播放了一段神舟五号升空的视频，以此引入新课。伴随着视频里那震撼人心的倒计时报数"5、4、3、2、1，点火！"火箭直冲云霄！偌大的比赛会场里观摩的人们也跟着激动和沸腾起来，别说现场上课的孩子们，就连我都忍不住内心激动得眼睛死死盯着屏幕。因为就在2003年底的时候，我们的神舟五号刚刚升空，将杨利伟首次送入太空，这是中国航天史上崭新的里程碑，是国人的骄傲和自豪。时间虽说过去半年多了，当时大家也看了直播，但现场再看，还是无比激动，同时感叹于教师的独具匠心。这是多么巧妙的设计啊。确实，我们的飞船无论是升空还是回收，都需要定位，这不正是位置与方向最好的引入吗？和知识联系紧密，也紧跟时代的步伐，紧扣大众的焦点，所以当她上完课后，我们所有的评委都因为这一"亮点"的巧妙设计而给了她很高的分数。

可接下来尴尬的事情发生了……

第二位教师一开课，"5、4、3、2、1，点火！"。

同样的视频（同一个网站下载的），同样的倒计时报数，视频刚一出，全场都笑了起来。当然，从笑声里听得出老师们和我应该是一样的心态，那就是"英雄所见略同"。所以会心一笑后，都抱着欣赏的态度，将神舟五号飞船升空的盛况再看了一遍。教师的课上得也确实不错，所以我们评委对这重复的"亮点"也都给予了最大的包容，还是给了很不错的分数。

可当第三位参赛教师上台后，情况就开始不好了……

只见参赛教师一上台，先尴尬地解释：

"同学们，相信大家已经在电视上看过了神舟五号飞船升空的盛况，下面让我们再看一遍……"

下面一片哗然……

我们下面的评委、老师可是实实在在已经看了两遍，再看就是第三遍了，难免会发出哗然之声。

结果可以想象，失去了最初的新鲜感，在其他教学环节表现相差不大的情况下，我们给第三位教师的分数相应都打了折扣，不是故意的，是确实没有了感觉。

但让我们意想不到的是，接下来这同样的尴尬局面又持续上演了两遍，到第五位教师上来又要开始"5、4、3、2、1，点火！"时，全场的老师居然自发地喊起了口号："5、4、3、2、1，点火！"然后就是一片笑声……

事后，我了解了一下，才知道原来五位教师都上网借鉴了我们小学数学界某位名师在执教这一课时用神舟五号飞船升空导入新课的这一环节。也正因为这样，才造成了比赛第一天五人同课的尴尬场面。

事情过去了很多年，直到现在，我还经常给工作室的学员们讲这个案例，就是想通过这件事告诫年轻教师：网上好东西很多，但并不一定都适合你、适合你将要面对的场合。我们上课也要有原创意识，有个性的才是最独特的，最适合的才是最好的。

第三十例

看雪听雪，不如玩雪

——做孩子的知心人

那是很多很多年前的事儿了，记得当时我刚参加工作。那年的冬天来得特别早，才12月份就已经冷得不行了，感觉黔城都快变冰城了，不过初雪却迟迟未到。这让所有人都惦记着，大人、孩子都翘首以盼，特别是孩子，毕竟在他们心中，下雪始终还是一件极好玩的事儿。可老天爷却偏偏好像憋着一口气儿和大家较劲儿似的，干冷，但雪却说不下就不下。

那是一个下午，我正上着课，全情投入的我正给孩子们讲解着一个题目的解题思路，忽然发现很多孩子的目光都看向窗外，并且有人轻呼："下雪啦！下雪啦！"这声音虽小，可冲击力却是很大的，顷刻间全班学生都转头看向了窗外……

好一场大雪！鹅毛似的雪花儿片片飞落，夹杂着雪米（贵州话对冻雨的别称），落下时竟真的有簌簌的声音。

这下，再没一个人愿意听我唠叨了。的确，对孩子们来说，此时此刻，雪落下的声音远比我的声音好听得多。说实话，连我自己也不禁看向窗外，被这纷纷扬扬的漫天飞雪所吸引。

"孩子们，都想看雪吧？"我停下课问道。

"想！"孩子们兴奋而又期待地回答。

"坐在教室看雪、听雪多没意思啊，想不想出去玩雪啊？"我问道。

"想！！"孩子们的回答更加兴奋和期待了，连那"想"字的音调都变了，变得不再是婉转的第三声，而是只有上扬的第二声了。

"想那就走呗！"

我一声令下，全班孩子跟着我这个大孩子一起涌出教室。随后操场上除了雪落下的声音，便只有我和孩子们的欢笑声了……

现在回想起来，年轻真好！换成今天也许我能做的就只有停下课让孩子看雪、听雪而已。

第三十一例

课堂本就应该"美"一些

——精美的"认识时、分、秒"设计

课堂本就应该"美"一些。如果真到了要给知识穿上华丽的糖衣的地步，学生才更容易接受时，为师者又何必吝啬那一点点糖衣？

眼下，我们的教育改革存在一个怪现象，那就是：一方面我们叫嚷着要创新，不能走老路；一方面又不肯为创新付出哪怕一丁点儿代价。任何改革，但凡稍有不尽如人意的个案，就会立即遭到批判，被群起而攻之，然后马上被勒令回到从前的样子，而理由也甚是"得体"，美其名曰——回归本源。这也就是为什么现在我们一方面嚷嚷着要增强学生体质，而另一方面很多学校的跳马凳、单双杠都成了摆设，甚至篮球、足球等一些对抗性的体育活动基本都不开展的原因之一。课堂亦是如此，前些年我们一直批判原来的课堂死板沉闷，叫嚷着要改革。2001年课程标准刚一颁布，随即在全国掀起一股改革的热潮，从班级里的常态小课堂到全国比赛的大课堂，课改弄潮者们都在竭尽所能地变着法儿让自己的课堂更加生动、更加有趣、更具观赏性。一堂堂"美课"以前所未有的形式、锐意创新的姿态呈现在我们眼前，可谓赞声如潮，令人趋之若鹜。然而在这个从旧到新的演变过程中，必然会出现"东施效颦""邯郸学步"的个案。我们应该意识到任何改革都不可能一蹴而就，走些歪路、经历些错误是必然的，也是应该的，是我们为改革付出的一点小小的代价，更是我们改革创新的经验积累。

但事实上并不是所有人都能意识到这一点。

随着改革的推进，到了2008年左右的时候，开始出现了另一种声音，课堂不能搞"花架子"，要回归"本源"，传统的课"踏踏实实"才是好课。这话乍一听好像没什么问题，我们的确应该摒弃华而不实的课，可问题是何谓"花架子"？何谓"本源"？什么又叫传统的好课？难道回到过去，将所有的知识全用"填鸭式"抑或说好听点叫"讲授式"的方式灌入学生脑中，仅仅以提高分数为目的，完全不顾及学生的情感和态度体验、价值观的生成，综合能力的发展，这样的课就算是好课？

我不这样认为！

我倒觉得，如果架子真能帮助花儿爬蔓生藤、固本、结果，为何不用？让课堂美一些何错之有？

当然，我们这里说的美是综合的，它是课堂设计别具匠心的美，是课堂生成智慧灵动的美，是教师语言的美，是学习氛围的美……

例如，在教学"时、分、秒的认识"一课时，一般教师顶多拿个钟面模型到课堂上，让学生比较针的长短粗细，从而认识时针、分针、秒针，接着就是直接介绍1小时=60分钟，1分钟=60秒。说实话，这样的课堂对于学优生来说是多余的，因为不用老师教，在日常生活中人家早就教了。现在的孩子不比我们小时候，从小戴手表对他们来说压根儿就不是什么稀奇的事儿！而对于没有认时间的经验，反应又差点儿的学困生来说，这样是完全达不到教学效果的，特别是他们对时间单位进率的记忆和换算，更是感觉难上加难。这就是我经常说的，死教法碰到呆学生——一窍不通。而我曾经看到一位教师在执教本课时，完全是另一番景象：

首先，教师让学生每人手里有一个制作精美的卡通造型钟面模型，增强可操作性，最主要是弥补部分学生对于钟表生活经验的缺失，让教学真正做到面向全体。其次，将枯燥乏味的讲解性知识通过Flash动画软件，设计成一个精美有趣的童话故事——《龟兔赛跑新编》。整堂课围绕龟兔赛跑的情境，让学生在美画、美景、美乐中美观，美动，美思。多么精妙的设计，多么悦目的课堂，教改呼唤的就应该是这样的课堂。老师们，如果真要在课堂教学方面给大家点儿建议，我想告诉你们：不要顾虑别人怎么说，更不要人云亦云，努力让自己的课堂美一些吧。爱美之心，人皆有之，别忘了人的本性就是爱美的。我们的一生其实都是在追求更美好的东西。

当然，也切忌为了美而美，我们的教学应该是为了学生更好地达成"双基"而美，要美得有深度、有内涵、有价值，否则就真成了别人口中批判的"花架子"了。

第三十二例

我的头发也是射线！

——灵动的课堂才具创造力

所谓灵动的课堂，是指那种洋溢着灵性之美、律动之美，并彰显着智慧火花的课堂。在这样的课堂上，学生无论是基础知识、基本技能，还是情感、态度、价值观都将得到最大、最优的发展，因此它也是最具创造力的课堂。

要实现课堂的灵动性，备教材、备学生、备教法这"教学老三样"中的每一个环节都不能忽视。我们只有做到课前精心研究教材，周密预设课堂诸要素，并在课中智慧生成相应教法，机智应对各种突发情况，才能做到课堂的灵动。

简单地说，就是一位有灵性的教师，领着一群有灵气的孩子，经历一场灵动的生命感受。

课堂创造力往往体现在"灵犀之间"，当课堂教学中出现一些不可预知的突发情况甚至错误时，如果教师能够机智地处理并使其转变为课堂的亮点，不仅可以提升课堂品质，使课堂更精彩，更能保护孩子的创造兴趣，激发其创造潜能，促使知识"创新点"诞生。以下是我听过的一节数学课，教师卓越的课堂机智及孩子们灵动的智慧之光让我记忆犹新。

记得那是一堂绝对可称为大型的公开课，台下听课的教师没有一千人也有七八百人，内容是"认识直线、线段与射线"，由于教师课前准备非常充分，用精美的课件帮助学生认识三种图形，因此知识呈现也显得形象、直观、新颖，教学进行得很顺利。但当教师讲完直线、射线和线段的概念后，问道：

"现在大家都认识了直线、线段和射线，那同学们能不能举例说说生活中哪些地方能看到直线、线段和射线？"

此时，我舒缓的心一下子紧张起来，因为严格来说，数学中提到的任何"线"都是抽象的，真要在日常生活中对应起来本就有些矛盾，这样问，无疑是把自己置于一个非常尴尬和危险的境地。再者，以我过往的教学经验来看，这个环节是最容易把握不住而使课堂失控的。

果不其然，一个小男孩儿"嗖"地站起来，扯着自己的一根头发丝大声道："老师，我的一根头发也是一条射线！"

危险果然如期而至！

老师们，头发是射线吗？这个问题恐怕我们静下心来慢慢思考也会觉得尚欠周全，更何况是在大课现场，没有时间给你思考。如果你用老师惯用的"伎俩"——"这个问题我们课后再讨论"来打"马虎眼"，顶多也只能算是"混"过去而已。

面对学生们满脸的疑惑、七嘴八舌的议论，甚至嘲笑提问者的小小挑衅，这位老师没有慌，只是笑眯眯地说道："多么有趣的发现！大家可以好好讨论一下这根头发丝究竟是什么线。"

学生们顿时兴趣盎然，纷纷发表自己的观点，大致有以下几种：

生1："我认为是线段，因为他的头发可以量出长度。"

生2："我认为不是线段，是射线，因为头发长在头上会不断地生长，说明它的一端可以无限延长。"

生3："不对，头发拔下来以后怎么还会长呢？"

生2（反驳）："他现在又没有拔下来！"（全场响起掌声）

生4（帮忙接话）："就算头发拔下来了，它的一端有一个小点，而另一端没有，所以它还是射线。"（部分掌声）

生5："我认为头发既不是线段，也不是射线，因为一般情况下，头发是弯曲的，而线段和射线都必须是直的。"（全场掌声）

生6："如果头发不拔下来，它会不断地长下去，把它拉直后它就是一条射线。"（全场掌声）

生7："不对，射线是无限长的，而人的寿命是有限的，就算长在李卫建（名字为音译，是问题的始作俑者——前面提到的小男孩儿）头上，他死后头发就不长了。"

李卫建急了，反驳道："你才死呢！我说的是我现在的头发，又不是死后的头发！"全场再次响起掌声，并伴随着欢笑声。

……

之后，学生各抒己见，课堂俨然成了一场激烈的辩论赛，孩子们精彩的对白、极具创意的想法也不断赢得全场教师雷鸣般的掌声，而这一切皆源于一根头发丝。

最后，这堂课由于本环节的讨论占了时间，后面的巩固练习没有完成，而关于"头发丝"的争论最终也没有统一的结果，但我认为这丝毫没有影响整堂课的品位和质量。在整个过程中，学生思维高度集中，经历了不断修正的头脑风暴，时时迸发创新的思维火花，而他们在争论中，对直线、射线和线段的联系与区别，我认为是真真正正、扎扎实实地搞清楚了。试想，如果上课教师没有"舍得"的胸怀，把时间大胆地留给学生，那么课堂何来灵动？何来精彩？又何来创新？

灵动的课堂更具创造力，这节课算是体现得淋漓尽致了。

大戏、小戏、对台戏

——顽劣稚童，亦可教矣

课堂上的一切都充满着未知，我们无法完全预料下一刻将会发生什么。记得2008年我第一次应邀到深圳市盐田区的田心小学执教"生活中的负数"一课。那是我在盐田区的第一次公开露面，应该说这次表现好坏对我今后能否调进深圳还是有一定影响的。（那段时间这所学校的原校长正在极力"挖"我）

闻讯过来听课的除本校教师外，还有邻校的教师，还专门邀请了区教研室小学数学教研员肖老师一起来听课。

本课是我的经典课例之一，在全国各地不知上了多少回，设计精巧，上起来也是轻车熟路、环环相扣、引人入胜，很是顺利。但当进行到巩固练习部分时，状况发生了，一个小男孩儿开始在课堂上手舞足蹈起来！

当时可能是由于题型设计得新颖有趣，我把刘翔在某次比赛时赛场的风速为–2米/秒设计进了题目，加之刚好刘翔也许是这个小男孩的偶像，所以题目一出，小男孩儿就按捺不住内心的激动，开始和旁边的同学讲起话来，酣畅之处还兴高采烈地手舞足蹈起来，完全不理会台上讲得津津有味的我和下面聚精会神听课的众老师。

这该如何是好？

直接批评制止？——NO！那样处理对于我来说显得手法太低端。

视而不见？——绝对不行！我的课堂是面向全体的，和全体学生一起经历学习的全过程，我责无旁贷。

可再任由他这么兴奋下去这课怎么上啊？

思考片刻，定了定神儿，我笑眯眯地走到他身边："同学，老师猜你肯定很喜欢刘翔，因此对这道题特别感兴趣，是吗？"我缓缓地问道。

"是啊！是啊！"他头点得像小鸡啄米似的。

"老师理解你，我也很喜欢刘翔，但咱们现在在上课，总得顾及一下别的同学吧。再说了，我在台上讲课，我是在唱大戏，你在台下讲话，你是在唱小戏，那你这不就是和我唱'对台戏'了？"我调侃道。

我的幽默调侃让全班一阵哄笑，小男孩儿的小脸儿也羞得通红通红的，向我行了个军礼："Yes，sir!"然后端端正正地坐好了。

全场师生又是一阵大笑。

我知道，这是纯真的笑、会心的笑、钦佩的笑……

由此可见，有时孩子在课堂上的很多表面上看起来的"不规矩"，实则并不是真的"越矩"，那只是情到深处的不自觉罢了。这让我想起了《西游记》中，悟空在灵台方寸山斜月三星洞学道一节。一日，祖师登坛讲道，悟空在旁闻讲，听到妙音处，喜得他抓耳挠腮、眉开眼笑，忍不住手之舞之、足之蹈之，这才有了接下来祖师戒尺三敲，三更传道的佛缘。这个孩子不正是现实中的悟空吗？他的课堂顽劣之举，未尝不是听到"妙音"之处的喜不自胜，我们作为师者应该做的就是看清这一本质，引之导之。顽劣稚童，亦可教矣，这不是一件有功、有德、有趣的事儿吗？

做老师就是这么好，每天都能收获很多很多，可能是累的苦，可能是爱的甜，可能是暖心的笑，可能是收获的喜，抑或还有陪伴的幸福……

我怀念做老师的那些岁月。

做老师，真好！

第三十四例

"班级达·芬奇"的诞生

——用圆规也能画鸡蛋

"幽默"一词最早源于英文"humor"的译音，有滑稽、风趣、带讽刺意味和缓解不良境遇之意。我们教学中所讲的幽默实际上是教学机智的一种，是指施教者以风趣幽默的言行引发受教者共鸣，以此活跃课堂教学气氛，增加教学情趣，和谐师生关系。苏联教育家米斯维达诺夫曾说："教育家最主要，也是第一位的助手是幽默。"由此可见幽默对于课堂的重要性。

有一次我外出执教"圆的认识"一课，几百名教师慕名前来观摩，意义不言而喻。可当我引导着全班学生正兴致勃勃地探究本课知识重点——圆的直径与半径的关系时，班上一公认的"小刺头"张涛（化名）压根儿就不把我的话当回事儿（听班主任说，课前还打了"预防针"），一直在玩弄自己的圆规，一会儿拿圆规扎一扎同桌的文具盒，一会儿在课桌上画一个硕大的圈，还在旁边醒目地写上两个大字——鸡蛋。最要命的是他的座位在最后一排，那天听课的老师太多，现场加了位置，老师们几乎都已经坐到了他身边，可咱们这位"老大"该干吗干吗，丝毫没有收敛。此时他的行为已经引起了旁边老师和同学的注意，旁边的老师和同学都在悄悄笑着、议论着。当时的情况我再充耳不闻，装看不见是不可能了。能不能艺术性地引导他，成了本堂课成功与否的关键转点！我稍稍定了定神儿，微笑着问全班："同学们知道圆规可以用来干什么吗？"

"画圆！"全班回答。

"对了，圆规是画圆的专属工具，那能用它画鸡蛋吗？"我接道。

全班先是一愣（老师怎么忽然提这个问题啊？），然后纷纷表态："不能，因为鸡蛋是椭圆的。"

"我能！"我的回答再一次挑战了孩子们的认知。

全班都发出了"啊"的质疑声。

此时张涛也被我这突然的举动吸引住了，眼睛一眨不眨地盯着我。我拿出圆规，迅速在黑板上用圆规画出大小不同的几条弧线，稍做修改，组成了一个漂亮的椭圆。学生都惊呆了，不断发出"哇！哇！"的赞叹声。我顺势引导："大画家达·芬奇就是从画鸡蛋开始，一步步努力，最后成为大艺术家的。刚才咱们班也有一位同学在画鸡蛋，老师相信他不是在玩儿，而是在探寻画鸡蛋的真理。只要他今后注意探究的时间和场合，坚持去画，说不准下一个达·芬奇将在我们班诞生呢！"

全场响起了热烈的掌声，张涛也羞愧地低下了头。

可见，幽默是多好的教学尴尬化解剂啊！

我平常上课时，会经常不经意间利用一些小幽默调节课堂氛围："请第一组最边上那位戴眼镜的帅哥注意听课！""上课你再玩东西，我就让你的宝贝在空中画一条美丽的抛物线后直达垃圾桶。""你很有绘画天赋，但上数学课时画变形金刚可不太好，再不收起来，我就给你表演一个中国传统绝活儿——撕纸。""将实得利息当作利息税贡献给国家，你太爱国了，我代表人民感谢你！"

这样的语言，配合当时的教学情境是极具幽默性的，学生往往能在开心一笑后获得反思，课堂氛围也得到了活跃。

善用幽默语言的人不一定都是教学大师，但凡是可以称得上教学大师的，无一不是拥有高超的幽默才华的艺术家，至少我看到的都是这样。

吴正宪老师在其端庄大气中有幽默。她在上"平均数"一课时，在引导学生估算博物馆五一期间平均每天售出的门票大约有多少张这一环节时表现出来的幽默，是那么充满爱与鼓励。对于坚持错误答案的那个小男生，吴老师一句"我理解你，我要是博物馆馆长的话，我也希望生意这么好"。多么具有人文关怀啊！连当时听课的我都想成为那个错了还坚持的小男生，能那么近距离地感受和沐浴吴老师的爱与关怀。而最后认识到自己的错误后，小男生憨厚的那一句"人家估计的都在里边，我估计的到外边去了"，很好地诠释了孩子对平均数的认识和理解。

多么高超的教学艺术！

华应龙老师的沉稳里也有幽默。如他在执教"圆的认识"一课时，发现一个小男孩儿似乎对别人的观点有所怀疑，华老师一句"那位戴眼镜的小帅哥，请说说你的看法"，看似平常，却体现了老师对学生的尊重，同时也消除了师生之间的距离感，还不失幽默和诙谐，使课堂氛围自然活跃。

多潇洒的教学风格！

黄爱华老师的儒雅厚重中也有幽默。如他在执教"24时计时法"一课时，面对孩子提出"24时计时法要转化，挺麻烦的"这一问题时，只幽默地告诉孩子："那我们努力学好今天的课，熟悉了，不就不麻烦了？"

多有智慧的处理！

所以说，凡教学大师，皆具高超的幽默艺术。老师们，如果你也想成为大师，抑或让自己离大师更近一些，记住唤醒你内心的幽默天赋，锤炼你的幽默品质吧，也许你平时所积累的某一个幽默笑话、幽默思维，将来某一天都将为你在教学关键处增光添彩。

我也要把你们的东西烧光!

——《圆明园的毁灭》，当家国情仇遇上和平大爱

专业的原因吧，说了很多数学课堂的事儿了，接下来也给大家说一件语文课堂中的事儿。这是多年前我的同事刘洁美老师提供给我的一个案例，印象深刻，很多年了，在课堂研究时，还总是想起。听刘老师说这是听一位老师上小学《语文》人教版第十册（现为五年级上册）的《圆明园的毁灭》一课时收集到的案例，颇为精彩，很能引发思考，现与大家共享。

在本课的总结环节，老师播放了圆明园今昔的画面对比，问道："此刻，面对着圆明园的废墟，老师相信你们肯定有很多话想说，你想对谁说？想说什么？"

看着画面上那些残垣断壁，学生激愤万分，纷纷举手表达了自己心中的愤慨和惋惜。突然，一个瘦瘦的男孩儿站起来，激动地喊："英法联军，你们这帮混蛋，这么欺负我们，长大了我一定要报仇，我也要把你们的东西烧光！"

一石激起千层浪，孩子极富煽动性的话语和口气，一下子把学生的情绪煽到了沸点，教室里开始骚动，有人开始附和起来。

老师愣了一下才回过神来，对情绪激动的男孩儿点点头道：

"是呀，孩子，你这么说听起来很解恨！"接着转过身面向全班，话锋一转，"但是，孩子们，你们想过没有，如果我们这么做了，如果我们真把英国的白金汉宫、法国的凡尔赛宫也烧了，那我们和英法联军又有什么区别呢？"

老师轻轻的一声反问，课堂顿时安静下来，学生脸上出现了复杂的表情，他们陷入了沉思。接着，有人举手了，一个、两个、三个……

生1（第一个发言，有点迟疑）："如果我们也这样去毁坏他们的珍宝，那我们不也成强盗了吗？"

生2（语气比较肯定）："这样做叫'以牙还牙'，是很解气的做法，但不是最好的办法。"

师（面向提出要报仇的男孩儿）："是呀，以牙还牙只会让世界充满不幸和仇恨，我们可以有更积极的做法。"

（男孩儿若有所思地点了点头）

生3："我觉得我们自己要强大起来，这样才不会被别人欺负。"

生4："我希望世界和平，各国的园林宫殿、奇珍异宝都可以让人们自由地去观赏。"

师："只有强大起来，我们才有本领去维护世界和平，保护人类文明的成果。孩子们，圆明园的毁灭是我们永远难忘的屈辱，也是激发我们奋斗自强的动力。随着你们年龄的增长，老师相信你们会有更多属于自己的思考。"

这是我见过语文优秀课例中比较典型的一个，所以虽多年过去，但依然记忆犹新。在此案例中，学生看到圆明园的残垣断壁引发"以牙还牙"的报复观点，那是不容外族侵我家园的家国情怀，必须肯定！而教师一句"如果我们这么做了，那我们和英法联军又有什么区别呢？"的引导，则是教育孩子要爱好和平，懂得战争不是解决问题的唯一办法，我们只有勿忘国耻、奋发图强，才能真正让自己的祖国强大起来、不受欺凌。这样就给了孩子更深层次的思想、情感、民族观、价值观的熏陶和洗礼。

这是否更值得我们借鉴呢？

对于语文，我是门外汉，读此书的语文老师们，你们觉得呢？

第三十六例

杨老师，您走光了！

——"人课合一"，我追求的上课最高境界

人课合一，一个教师上课的最高境界！

那一次是我们深圳某区邀请我去给老师们上一节示范课，课题是"百分数的认识"。对于本课的设计，我的新颖之处除了引导学生经历百分数产生的过程以外，在练习部分更是借鉴了当时最火爆的综艺节目《中国好声音》的导师转身形式，设计了百分数竞猜环节。学生们一个个热情高涨、争先恐后地参与，我也完全融入课堂……

"哦，老师，您走光了！"下课孩子们离开会场的时候，一个小男孩儿经过我身边，调皮又略带羞涩地提醒我，并且还好像发现了新大陆一般地窃喜。

我心里一惊，红着脸下意识赶快朝自己的裤裆处望去，毕竟我们男生偶尔忘记拉裤链的事还是有可能发生的，要真是那样的话那就糗大了。再说了，现在这些孩子的语言也真够"雷人"的，都用到"走光"这样的词了，我怎能不惊？怎能不慌？

但当我仔细查看一番后，发现自己的裤链拉得好好的，没发生什么尴尬的事啊，心里顿时平静了下来，但同时也纳闷儿，究竟是咋回事，孩子怎么会说我走光呢？正疑惑，忽然窗外一缕微风吹来，顿觉右腋下一凉，低头一看，坏了！原来是上课过程中我和孩子们都太过投入，完全融入课堂轻松愉悦的探究氛围中，却不知什么时候，可能是我抬手板书时，由于衬衣是收进裤腰里扎紧的，用力过猛，硬生生把衬衣袖子腋下这一块给撕扯开了一个大口子，自己却全然不知，继续上课。孩子及现场听课的老师们也投入课堂，没什么异常反应，我就这样毫无尴尬与顾虑地"衣不蔽体"地上完了整节课。

"谢谢你的提醒。"我一边谢谢小男孩的善意提醒，一边迅速将胳膊夹

紧，避免二次走光。

学生走后，本来接着是交流环节，但我不能这样露着尴尬的腋窝去和老师们继续交流啊，我可没自信交流环节我还能像上课一样，让大家和我一起再次达到"人课合一"的境界，融入氛围而不闻其他。于是我悄悄和主持人沟通了一下，稍微拖一下时间，正好让老师们中场休息上上洗手间什么的，然后自己飞也似的跑出学校，在学校旁边的一个小商店里买了一件甚是老土的T恤，当场换上后跑回了会场。

回到现场后，看到我这少年闰土的形象，知道内幕的老师向我投来善意、敬意的目光。不明就里的老师则一脸诧异地看着我，估计是在琢磨刚才还青春时尚的杨老师，短短十来分钟的时间怎么竟变成了如此这般形象？

一向注重形象的我，在公共场合还是很在意自己的穿着的，但他们哪里知道我内心的无奈，我也是没办法啊！因为我别无选择，能买到这么一件能遮体的T恤已经是运气不错了！

"老师们是不是很诧异我怎么忽然间换了个少年闰土的形象啊？这里稍做解释哈……"交流开始后，我先自我调侃了一番，然后向老师们说了原因。不用说，现场又是一片掌声，那是老师们认可、赞许、敬意的表达。

撕烂一件衬衣算什么？走光了又何惧尴尬？我享受课堂上那种纯粹的、心无旁骛的感觉。

"人课合一"——是为师者一生追求的课堂最高境界。

应邀为"绿城之春"全国名师课堂教学展示活动上示范课

第三十七例

提小板凳的老太太

——和幼莉师傅的第一次相见

人这一辈子，总会遇到很多人，有的人遇见了，就足以改变你的一生，幼莉师傅于我，就是这样的人。

记得那是我参加工作的第一个月，一天，我正在教室里上课，上课的内容也一辈子都记得，是老人教版小学《数学》中"小数点位置移动引起小数大小的变化"。当时的我对于课堂教学完全就是一个新手。凭着年轻人的创意无限，或者干脆说是"脑洞大开"，我用硬纸壳把0～9十个数字做成头饰，就是幼儿园小朋友扮演角色时戴在头上的那种，还单独做了一个画着小数点"."的头饰。然后让戴数字头饰的学生在讲台上排排站，且不得移动位置。这样一排头饰上的数字就组成了一个固定的数。我先让学生读写出这个数，然后让戴小数点头饰的学生入场，选择任意位置站定。这样刚才组成的整数就变成了一个小数。我同样先让学生读写出这个小数，然后让小数点"."移动位置，因为他拥有"特权"，可以随意站位置。而当他的位置一移动，整个数的大小也会随着发生改变……如此反复，让孩子们在游戏中体验了"小数点位置移动引起数字大小变化的规律"，寓教于乐。

就这么一个简单的游戏，在今天看来，可能你会觉得是多么的幼稚和可笑，但在二十多年前的那天，孩子们和我玩得可谓不亦乐乎。

正玩得起劲儿，教室后门打开了，但见走进来一个老太太，身材微胖，一身灰色的小西装熨得笔挺笔挺的，面容慈祥，一双眼睛炯炯有神，再加上一头洋气的卷发，给人一种老上海女人那种富态、精致、精明、干练的感觉。唯一显得格格不入的，是她手里居然拎着一个小板凳。

我正纳闷儿，这奇怪的老太太是谁？家长？上级领导？但见她很自然地把小板凳往地上一放，坐了下来。她熟练地从背包里掏出笔记本和笔，这架势，煞有其事，像是准备坐下来听我的课了。

"领导！肯定是上级领导来巡查听课了！"我心里笃定。

当然，疑惑归疑惑，课还得继续上。

下课后，我带着疑惑刚回到办公室，"丁零，丁零！"办公室的电话响了起来。一位老教师提起听筒说了两句后，脸色很凝重地问我道："小杨，出什么事了？校长找你，好像还很急哦。"

我那时比较机灵，平时大家但凡有脏活累活的我都帮忙，我手脚也勤快，所以办公室的前辈们都很喜欢我，也很护着我。大家一听校长找我，都很关切，让我赶快去看看怎么回事。

我怀着忐忑的心情来到校长室，却见刚才听课的那位老太太正和校长聊得起劲儿，心里暗道："完了，是不是自己刚才的课哪里没讲好，被领导投诉了？"大家都知道，年轻教师一般都是比较害怕校长的，更何况校长身边还站着一位"领导"。

敲了门后，我鼓起勇气问道："校长，您找我？"

看我进来后，校长笑眯眯地告诉我："小伙子，你有福气了，郑老师要收你为徒了。"

我诧异地看了看校长身边的"领导"，一脸茫然，但心里却很清楚，能让校长用如此口气介绍的一定不是普通人。

年轻人嘴甜皮厚，我赶快笑眯眯地叫了声："师傅！"

校长和"领导"都哈哈大笑起来。

我和幼莉师傅的师徒之缘就这样结下了。

从校长接下来的介绍中我才知道，师傅叫郑幼莉，上海人（刚才猜得没错），是我们市的教研员，在小学数学这一块可是绝对权威的存在。

我确实如校长所说，是有福气的人。

在接下来的三年里，师傅在教育教学、为人处世上给予了我太多太多的点拨和指引。师傅的教导，有时哪怕只是一句提醒的话，也如醍醐灌顶，让我豁然开朗。而这样的顿悟，换作其他教师自己去摸索，可能需要十年二十年的磨砺才能有所收获。可以说，我用三年的时间，走完了别的教师十年二十年才能走完的路，所以在跟着师傅的第三年，我就拿下了我教育生涯当中的第一个大奖——全国第五届小学数学优质课评比一等奖。试问又有几人能像我如此幸运，师傅于我真如贵人。

我常常在想，如果当初提着小板凳到处听课、收徒的师傅没有遇到我，抑或如果当初我没有精心准备好那堂课，师傅来了，却没看中我，我的人生还会不会如今天一般？答案肯定是否定的。还好一切已经发生，没有如果。而我与师傅的结缘故事却可以给所有刚踏上讲台的年轻教师们几点启示：第一就是新教师的前三年太重要了，这是我们的定型期，跟对了师傅，你的教学理念、方式方法、教学鉴赏能力、教学品位都会水涨船高。"名师出高徒"说的就是这个道理。所以如果我们没那么好的运气有师傅来找我们，我们就应该主动去找个好师傅，这样才能不辜负成长的黄金期，否则荒废了这关键的三年，可能也就荒废了一辈子。第二就是机会总是留给有准备的人，我那也许幼稚的、可笑的"戴头饰"教学法就是例子。虽然它可能幼稚可笑，但我用了心，用心做的事总是最能打动人。第三就是选择师傅要有眼光，你拜大师为师，你起码能成为中师；你拜中师为师，起码能成为小师；而你拜小师为师，你只能成为庸师。毕竟"青出于蓝而胜于蓝"的例子并不是那么多。

感谢生命的偶然和机缘，让我在最关键的时间遇到了最关键的人，做了最应该做的事，也成就了最好的自己。

和幼莉师傅的合影

No！这不是篮球，是太阳！

——"歪马尾"老师的自我陶醉

从孩子的角度去备课，思考他们在课堂的每一个环节会想什么，可做什么，能懂什么，又会疑惑什么，这是我一向坚持的备课之道。

多年前，我曾经应邀在某地区的一次青年教师数学课堂教学大赛上做评委，一位女教师的出场让我记忆犹新。

"接下来为大家上课的是××学校的参赛选手，××老师，她执教的课题是三年级'可能性'，掌声有请！"当主持人按惯例做简单介绍后，只见一位年轻的女教师身着灰色小西装、职业小包裙，脚踩黑色高跟鞋，雄赳赳、气昂昂地从舞台后大步走向台前，站定，向台下老师深深一鞠躬，煞是干练！但台下老师在按惯例回以掌声的同时，也发出了不少的笑声、议论声，原因皆在她的发型上！本来打扮也还中规中矩的她将头发全部束起，扎了一个马尾，但却是一个歪马尾！一束头发从右耳上方高高地垂下来，随着她的一举一动晃悠着，真真像极了记忆中，马儿吃草时那根时不时摇动着驱赶蚊虫叮咬的马尾巴，十分可笑！我想，会场里若真有蚊子，是断断不会咬到她的。

我不禁也皱起了眉头，一种不好的预感涌上心头，如此的歪马尾打扮必有与之相配的歪思维，因为一个人的审美很多时候是内外高度统一的。

开始上课了，老实说作为一名年轻的女教师，她的教学风格还是不错的，比较干练，教学语言也如她的打扮一样，甚是干脆利落，少了一般女教师的啰唆。可随着课的推进，当讲到生活中有些事情一定会发生，有些事情可能会发生，有些事情不可能发生这个知识点时，只见她迅速从讲台底下拿出一个篮球，问："这是什么？"

"篮球！"孩子们坚定地回答。

"No！这不是篮球！这是太阳！"老师摇动着她的歪马尾否定了孩子们的答案。

我和我身边的评委老师们都惊愕了，再一看台上的孩子们，正一个个诧异地看着老师，一脸蒙圈地看着那个被老师说成是"太阳"的"神奇"的篮球。

接着，"歪马尾"老师（姑且允许我先这样叫吧）用手托着篮球做了一个缓缓上升的动作，嘴里还不忘继续解释道："看！太阳正从东边缓缓升起……"

我们所有在场的老师这才恍然大悟，原来篮球变太阳的目的，是为了说明这个！

显然，这是多么牵强附会的教学设计，说难听点，完全就是老师自己在"陶醉"，根本没有考虑孩子会怎么想，甚至没考虑一个正常的人会怎么想。你随便拿出一个篮球，没有做任何解释铺垫，一下就变成太阳了，简直比魔术还"神奇"，这样的情境设计是别出心裁有创意，还是神经兮兮无厘头，答案显而易见。

当然，这是一个极其特别的例子，但现实中确实有很多教师设计课的思维角度和方式着实令人担忧。一篇《刘胡兰》本是何其悲怆的英雄主义诗篇，硬生生要追赶时髦整一个课本剧，让孩子上台演绎敌人的凶残行径，演绎刘胡兰面对敌人铡刀时的视死如归。结果随着那用一块废弃的课桌板做成的道具——刀砍向勉强忍住笑的"刘胡兰"的那一刻，一场英雄主义的家国情怀活生生被演绎成了一出孩童过家家的闹剧。台上的孩子尴尬，台下的孩子笑成一片，听课的老师在明知不能笑却又忍不住想笑的情形下更加尴尬。我们不得不为老师们如此"清奇"的备课思路所"折服"。

由此可知，当老师的思维和孩子的思维不在同一频道时，课堂将会多么的尴尬！

教学教学，师教生学。所以无论我们上什么课，无论我们采用什么样的教法，最终的落脚点都应该在学生，那我们何不回归本真，回到教学的这个原点，从孩子的角度去思考设计我们的每一节课呢？

马尾可以歪，但师者秉持的教育之心可千万不能歪！

第三十九例

惊鸿一舞，精彩一课

——我的成名一战！

2003年，是我来到广东的第三个年头，经过离乡背井的三年打拼，我褪去青涩，洗尽铅华，在顺德这方热土也渐渐有了自己的一席之地。而那一年学校举办的一次面向全省的大型公开教研活动，也让我一战成名，给了我当地新生代教学代表的荣耀。

那一天的活动是全校、全学科、全过程开放的，参会的客人可以随自己的兴趣听全校任意一个班级老师的课。当然，也设了两个主会场：一个是在学校的新多媒体室，执教的老师是一位名叫黄少珊的主任，是省音乐名师，公派留学刚回国，这一课也算是她学成归来的汇报课吧；而另一个会场则设在学校的旧多媒体室，由我执教一节数学示范课。

记得当时活动安排她上第一节，我上第二节。

随着一声声雄浑低沉的藏族乐器发出的低鸣声，一堂中国民族音乐欣赏课拉开了帷幕，而后朱哲琴以一首婉转悲凉的《阿姐鼓》及其背后感人的故事把课堂推向了高潮。随后一曲《翻身农奴把歌唱》又把孩子们从1951年前藏区黑暗的压抑情绪中拉回1951年后农奴翻身走上康庄大道的喜悦气氛中。而这时，只见一对身着藏族服饰的青年男女踏着欢快的锅庄步子走上了讲台，和着音乐翩翩起舞，摆手、颤踏、长靠……欢快奔放的舞蹈瞬间让课堂现场像炸开了锅！

"杨老师！是杨老师！"有孩子惊叫出来。

是的，是我，正是我！

正在上课的这个班级是我自己带的班，终于有孩子认出来了，在舞台上和舞蹈老师搭档跳藏族舞的那个男舞者正是他们的数学老师。他们怎么也想不到，这个正潇洒踏着舞步的人，正是平时那个只会教他们加减乘除的杨老师。

而更加想不到的是，杨老师居然学过民族舞蹈，而且水平还不差。这一亮相，真可谓惊鸿一舞了！

奔放酣畅的舞蹈在全场老师和孩子们的掌声中结束了，我迅速跑回第二主会场换衣服，做准备，因为下一节课，我将是主角，将为所有到场的嘉宾献上"生活中的负数"一课。

"上课！"一声口令，我的课开始了！

"啊？这不是刚才那个跳舞的老师吗？"

"是的哦，好像真是的哦！"

"他就是杨松啊！"

……

从我的课开始的那一刻，台下的老师们也轰动了，这一次惊讶的是他们，他们怎么也没想到，刚才在第一会场的课上跳舞的"藏族小伙儿"，竟然就是第二节课的执教老师。而当我高水平发挥，完美演绎了"生活中的负数"一课后，现场掌声雷动。

"杨老师，你究竟是教什么的？"好多老师跑上台询问我。

"杨老师，多才多艺，牛！"更多的老师不吝赞许之言，纷纷竖起了大拇指。

惊鸿一舞，精彩一课，成名一战，那天，注定是属于我的日子！

我的这段经历给年轻教师们的启示意义在于：21世纪，我们提倡复合型人才培养模式，这就要求我们教师要在教学中去培养德、智、体、美全面发展的人，不仅要关注学生的学业成绩，更要注重对学生素质、才能的培养。"为人师表、率先垂范。"要培养多才多艺的学生，必然要求教师先做到多才多艺。所以今天做教师，我们除了具备精深的专业素养外，如果在舞蹈、书法、绘画、演讲等方面也有一定造诣，不仅能丰富自己的生活，还能为教学服务，让我们的课堂更加多彩有趣，同时也能提高教师在学生心中的权威性和好感度，让学生更喜欢我们，从而也喜欢上我们任教的学科。所以，年轻的教师们，趁年轻多修炼一些才艺和本领吧，这并非在获得炫耀自己的资本，也并非为满足自己的虚荣心而储备才艺，而是为了让自己成为一个拥有一池活水，可以源源不断给予孩子知识和能量的人。

第四十例

伺机而教，评委也不放过！

——好老师应善于调动一切可用资源为课堂服务

课堂互动，是一个很广泛的概念，我们常见的互动形式主要有师生互动、生生互动两种。其实除此两种之外还有生媒互动（人机对话、生本对话等），甚至是生他互动（学生和评委及观课教师的互动），这些都属于课堂互动的范畴。而有些时候，这些"特殊"的互动方式，着实能为课堂增色不少。

曾听过这么一节活动课，主题是对《诗经》中的植物进行探究。执教老师采用项目式学习的方式，带领孩子们通过对《诗经》中植物特性进行探究，探讨中华优秀传统文化的传承。孩子们的表现当真是可圈可点，课堂上或介绍，或吟诵，或展示，一切都自然娴熟，让当时作为听课嘉宾的我也不禁啧啧称叹，为之折服。如此生涩难懂的《诗经》，我们成人尚且无几人去好好研究，万万没想到竟被一群小学孩童研究得如此透彻。

"老师，请问您知道《诗经》中的椿是香椿还是臭椿吗？"一孩子在给大家介绍《诗经·唐风·山有枢》中的"山有栲，隰有杻"一句时，忽然发问。（此句中的"栲"即山樗，也即孩子所问之"椿"）

"这个问题我建议你可以问问今天的评委老师们。"上课老师镇定自若地引导孩子将问题抛向了我们评委席。

说实话，当时别的评委老师是怎样的反应，我不知道，但我当时确实是头皮一麻，心想："孩子，你可千万别点我啊！"因为我自己确实也不知道是香椿还是臭椿。

关于椿，我以前曾在《庄子·逍遥游》中有过了解："上古有大椿者，以八千岁为春，以八千岁为秋。"知道古人以"椿"喻指父亲，这就是我对于椿这种植物所知的全部，仅此而已，再多也没有了。而至于这椿是臭椿还是香椿，真的不知道，若孩子问到我，岂不尴尬？

心里正担心着，"这位老师，您认为是香椿还是臭椿？"孩子将话筒递给了我旁边的一位评委，我们一排评委长舒一口气，都笑了，算是有点儿"劫后余生"的小庆幸吧。底下听课的老师们也笑了，估计大家都深谙，这位评委要麻烦了。

"老实说，我也不知道答案，我猜想应该是臭椿。"那位被点名回答问题的评委老师真诚地给出了自己的猜想答案。

"恭喜您！答对了！是臭椿。"孩子一本正经地表扬道。

而我们台下所有的老师看着孩子小大人似的表扬老师的神态，已经笑得前俯后仰，说不出话来。那是发自内心欢悦的笑。我偷瞟了一眼，此时连刚才回答问题的老师竟都没有显示出丝毫的尴尬或被"为难"的不悦。课后，那位评委老师作为点评嘉宾，还给予了此课极高的评价。

现在再回想当时上课的情景，我不知道当时上课那位老师是知道答案故意引导孩子们"为难"一下我们评委老师，以活跃气氛呢，还是自己也不知道答案，以邻为壑，祸水东引，将这难题巧妙地抛给我们。但不管怎样，能伺机而教，根据当时课堂的氛围、节奏以及实际情形，充分调动评委老师一起参与课堂探究，这就是成功！

所以说，教无定法，一节好课，一定是集天时、地利、人和为一体方能生成的，它首先肯定有精巧的设计作为基础，但智慧的执教者是绝不会拘泥于预设而按部就班的。好老师应善于调动课堂上一切可用的资源为课堂服务，这样的课也才能称为真正"灵动"的好课。

第四十一例

孩子，对不起，老师不是有意的！

——冲动的惩罚

"冲动是魔鬼" "耐心是保护好自己最好的屏障"……这些都是我平时挂在嘴边时刻提醒我身边的年轻教师一旦和孩子发生冲突时切勿冲动的警语。经历过少不更事，经历过年少轻狂，这么多年的从教生涯早已磨砺了我的心性，让我知道了教育是件功夫活儿，急不得，得学会静下心来，需要有静待花开的希冀和耐心。但毕竟修炼的境界有限，我怎么也没想到教了20多年书的我，那天居然也冲动了。

记得那天是期末考试前的最后一堂数学课，我拖着沉重的步子来到班级（不得不承认，在应试教育还没有完全退出历史舞台前，期末复习阶段，对于师生来说，不仅要比拼脑力，更要比拼体力），准备给孩子们做最后的要点讲解和复习。

"请同学们拿出昨晚的模拟练习卷，这节课我们先讲解试卷。"我按惯例交代道。

谁知我话音刚落，班上的宇恒就大叫了起来：

"老师，国胜没有完成试卷，他只做了几道题！"

什么？这怎么可能？国胜居然没做作业？要知道，这孩子虽算不上是班里拔尖的存在，但在学习方面从来都没让老师操过心，属于"乖乖仔"类型。眼下期末考试在即，他居然连作业都不做了，这是怎么回事？我快步走到孩子桌前，拿起试卷一看，果然真的只做了几道填空题，其余一片空白。

我一股愤怒之火莫名涌上心头。

"国胜，怎么回事？！"我严厉问道。

"我，我，我……"见我生气，国胜支支吾吾答不上来。

"他语文作业也没做，上节课刚被语文老师批评过！"宇恒继续爆料道。这小家伙，平时但凡发现一点同学的什么秘密，总会第一时间上报老师。我虽不喜欢孩子们小小年纪就学会打小报告，但也不得不承认，有时老师也需要这样的"小间谍"，方便第一时间掌握班上孩子的情况。

"说！昨天晚上干吗去了？！"我一听，更是火上浇油了。

"老师，他昨天晚上肯定是去打游戏去了，我和妈妈在外吃饭的时候，看到他和隔壁班一个男生进了游戏室。"小丽"补刀"道。

"人民群众的眼睛可真是雪亮的啊。"我心里一边暗笑小丽可真是名副其实的"神补刀"，一边却更加生气了，是真的生气。老师们，说实话，在工作大概七八年后，我就已经不会轻易去真正生孩子们的气了，有时装着很生气在批评他们，其实心里压根儿一点气都没有，装出生气的样子只是为了吓唬吓唬他们，让这些小家伙听话点、省心点罢了。但今天，我是真生气了！临到考试了，居然还去打游戏，关键还不做作业，这简直就是对学习的极度不认真！

"呵！长本事了！作业不做跑去玩游戏，有本事别读书了，一辈子都打游戏去！"说完我将那张没做几道题的试卷扔还给国胜。

全班一片寂静，孩子们都被我高八度的声音给吓住了。

但就是这么一个小小的动作，却差点酿成了大错。

也许是我扔试卷的时候因为生气用力过猛，也许是刚好国胜一抬头，总之虽然我自己感觉是远远扔过去的，但不知怎的手指甲却一个不小心划到了国胜的额头，留下了一条发红的印迹。虽不严重，但那隐隐约约的一道划痕还是让我触目惊心，整个人也忽然间冷静了下来。

心里也不禁在想："这要是再低一点，刚好划到眼睛可怎么办？那岂不是大大的罪过？无论于孩子还是于我，那一定是一辈子的伤害和疼痛啊！"

这么一想，我竟冷汗直冒。

"没事吧，疼吗？要不要紧？老师带你去校医室看看？"我着急地问道。

"没关系，杨老师，我下次再也不敢了。"孩子委屈，但乖巧地回答我。

多懂事的孩子啊，他昨晚不过是孩子贪玩的天性使然罢了。

"真的没关系吗？"我再次关切地询问道。

"真的没事。"国胜点点头回答。

在确定孩子真的没事后，我缓步走到讲台前：

"同学们，今天国胜同学没有做作业，是应该提出批评，但老师发火还不小心划伤他也有不对，在这里我向国胜同学道歉……"

全班不由自主地响起了掌声。此刻，孩子们心里估计已经经历了从惊吓到惊奇的大逆转，刚才那个歇斯底里把他们惊吓住的人不像是平时他们幽默可爱的大哥哥杨老师，而眼前这个向同学道歉的人更不像是他们印象中高高在上的男神杨老师。

看着一脸惊奇的他们，我心里却莫名地失落。我对教育的坚守去哪里了？我何时也变得随波逐流，为了眼前那点成绩而如此急躁？当然，心里更多的是愧疚：

"孩子，对不起，老师真不是有意的。"

课后，我第一时间拨通了国胜妈妈的电话，将整个事情的经过告知了国胜妈妈，当然最重要的还是表达自己内心最真诚的歉意。国胜妈妈没有介意，甚至还感谢我对孩子的关注，而且听得出也是发自内心的感谢。

放下电话，我脸上火辣辣的，心里总觉得被什么堵住似的难受，而且我知道，很长一段时间内，这份难受我都将难以释怀……

第四十二例

老师，他尿裤子了！

——我永远不能释怀的疏忽

课堂——我最快乐的地方。

曾经无数次想过，倘若哪一天不做老师，真的完全离开课堂了，我还能做什么？关于这个问题，我也曾很严肃地思考过，老实说，在以往的很长一段时间里，自负的我对此问的答案还是有很多的。例如，去一个山清水秀的地方，开一家心仪的乡间小客栈什么的，就曾经是我向往的生活之一。但这只是个梦想，而所谓梦想只不过是我们梦中的想法而已。梦归梦，清醒之后，我还是觉得课堂才是我最该驻守的地方，也是我最感快乐的地方，因为那里有我的理想，理性的想法，它比梦想更加踏实，更加可靠。抓得住的，才是真正的快乐，不是吗？

当然，我不舍离开课堂的原因，除了发自心底的热爱所带来的快乐之外，那些经年不能忘怀的遗憾、疏忽，甚至可能是刺痛，也是我人生莫大的记忆财富，我没那么慷慨，怎能轻易忘记？怎能轻易放弃？

有这么一件十几年前发生在课堂上的小事，就让我至今仍不能释怀，每每想起，总觉得心里充满了自责与愧疚。现在鼓起勇气将之码字成书于此，就是想告诫现在还年轻的你们，如真那么巧，某天在你的课堂上也发生类似的事，你们不要像年轻的我一样。

细细想来，那已经是十五六年前的事了。那时的我，教学已经小有所成，在课堂调控方面也是驾轻就熟，再加上年轻、有活力，还帅气，所以我的课孩子们都很喜欢。经常在公开课上看到的学生争相举手回答问题的场面，在我平时的常态课上可以说几乎天天都在上演。但也正因为习惯了如此，我想当然地以为孩子频频举手就是为了争取回答问题的机会，故而忽略了很多细节，没能更细致地照顾到每一个孩子，倾听他们最真实的声音，发现他们最真实的想法。也正因为这样，才造成了课堂上的那一次疏忽，而那次疏忽让我至今都不能释怀。

那天，我一如既往、激情满满地上着我的课，孩子们也同样表现优秀。我们师生之间的交流早已不需要磨合，那种平等的、自然的、你来我往的交流如行云流水般在课堂上演绎着。当我抛出又一个问题时，全班学生的小手如雨后春笋般，"哗"地全举了起来。我发现小康（化名）的手举得特别高，满脸期待地示意我，那眼神儿，仿佛在说："杨老师，我来回答！点我，点我！"

"这个问题，请小康同学来回答。"我微笑着点了小康的名字。

小康激动地站起身来："我觉得这个问题的答案应该是……"

小康清晰的思路、准确的语言、不容置疑的答案让同学们为之鼓掌。我也给予他十分的肯定，小康高兴地坐下，脸上挂着难以掩饰的"得意"。是啊，孩子的幸福感来得容易，同学的肯定、老师的表扬已足够他们开心一整天。

课，精彩继续。每次有新问题抛出时，孩子们的小手也照常争先恐后地举得老高老高，都在争取表现的机会，这其中也包括小康。我偶尔瞟过去，发现小康举手的频率越来越高，甚至脸都憋得通红了。还有几个和小康一样已经获得过回答问题机会的孩子也一样，每次如果没被点名叫到，都失望叹气。我暗自满意："孩子们今天表现真不错！"随即引导道："同学们今天表现都很好，但咱们也要给没有回答过问题的同学一些机会，大家一起进步才是真的进步嘛，好吗？"

"好——"孩子们拖着嗓音回答道。他们很明白事理，但心里多少还是有些不情不愿。

当课继续进行时，我却发现，小康还是一直举着手，到后来甚至我没有提问题时他的手也举着，干脆还不放下来了。我心里一边为这孩子今天的表现高兴，一边也想着这孩子也真是的，咱不是说好了要给没回答过问题的同学一些机会嘛，所以也就没太在意小康的举手，自顾上课，有问题时，只顾点没回答过的学生回答。

"老师，小康尿裤子了！"原本和谐的课堂，被这一声极不和谐的尖叫声给打破了。

同学们蒙了，我也蒙在了讲台上。

老师们，咱们教过低年级的老师都知道，如果是一二年级的小朋友尿裤子，那太正常了，哪个带过低年级的老师没遇到过啊，但小康现在已经四年级了啊，还在课堂上尿裤子，这就不正常了。

几秒的停顿后，教室里开始有学生叽叽咕咕议论起来："嘻嘻，这么大了还尿裤子……"

"同学们安静！不准随便议论！小康同学肯定是生病了，或者是什么别的原因才会这样。作为他的同学，我们应该理解他。"我先制止了事情的发酵，随即问道："小康，怎么回事？"

"杨老师，我刚才尿急，憋得难受，我想举手请假上厕所，但举了好多次，您都没有理我，我憋不住就尿了。"小男孩不比小女孩矜持，毕竟还算"皮厚"，虽然委屈，但还是勇敢地说出了原因。

我当场就"石化"了，原来孩子无数次迫切地举手，根本不是在抢机会回答问题，而是因为想上厕所。

僵持了几秒后，我顿觉脸上火辣辣的，整个人陷入深深的自责之中：我当的什么老师啊，竟如此大意！因为我自以为是的疏忽，竟在孩子成长的道路上给他留下了这么一段并不美好的记忆，我真该死！

"小康，老师错了，真对不起！老师刚才一直以为你举手是想回答问题，所以没有注意到你的情况，是老师的错，你能原谅老师吗？"

"嗯！"孩子并没有丝毫犹豫，果断就给予了我谅解。

老师们，很多时候，孩子真的比我们更加善良、更加大气、更加会体谅人，不是吗？

想想我们今天刚批评过的孩子，明天没准儿就屁颠屁颠地跟在你屁股后面一个劲儿地叫着："老师，老师。"我们成年人又有多少能有这样的胸怀？

"那老师陪你去换一下裤子吧，好吗？"我关切地询问道。

"谢谢杨老师！"孩子很快就释怀了，高兴地回答我。

随后我安排班长和学习委员带领全班先自习，然后去办公室请了搭班的老师帮忙看班后，就带着孩子去洗手间整理了衣裤，并到学校总务处找了一条新校服裤子给小康换上。之后又给小康的妈妈打了电话，沟通了大概情况后，带着小康回到了教室。

"孩子们，今天杨老师犯了一个极大的错误，错误的根源就是老师的自以为是、粗心大意……"之后十来分钟的课，我没有再讲新课，而是乘机开了一个小主题班会，也算是我的自我批评会吧。一方面我检讨自己的错误，向小康同学道歉；另一方面，也以今天的事例告诫学生们，今后在自己的学习道路、人生道路上，对待任何事情，都要认真细致，了解真相后再做决定，切不可想当然地做出也许会让自己今后遗憾和后悔的决定。当然，还有一个重要的目的就是叮嘱所有的学生，理解小康，以后也不准再议论此事，要给予小康最大的尊重。

下课后，小康的妈妈带着干净衣裤来学校给孩子换了，我诚恳地向小康妈妈道歉。在知道事情的原委后，小康妈妈也给予了我最大的理解和包容，还反过来开导我，叫我不要有什么思想负担，这不是什么大事。然而小康妈妈的大气与包容，却让我心里更加刺痛……

此事后，我们班多了一条新的班规：凡是课堂上急着要上厕所的，不用举手征得老师的同意，自己悄悄从教室后门去就行，唯一的要求就是上完厕所后要马上回到教室，不能借此机会在外面玩闹。

此后，凡是我所带的班，班规里也都比别的班多了这么一条。虽没成文，却一直坚持。时隔多年，每次课堂上有孩子悄悄从后门出去上厕所时，我也总会想起小康，那个曾经因为我的疏忽而陷入尴尬的孩子。

现在，他应该已经是大小伙儿了。都说了，孩子永远比我们大气得多、宽容得多，所以不知道他还记不记得这事，还记不记得粗心的杨老师。其实，我希望他记得，因为这份经年的遗憾，已然是我从教生涯中值得珍藏和反思的经历之一，到了今天，每次回想起来的时候，还是能让我深思……

而这个多年前的课堂"事故"，也成了我永远不会忘记的课堂"故事"。

写在本篇末

关于教学预设、课堂生成与教师机智

提到上课，很多时候我们都在感叹某某名家大师上课反应好快，那么突发的状况竟能应对自如！其实我们不知道的是，这些在我们看起来突发、突然、突兀的状况，可能名师们在课前已经在心中预设了千百种的可能，比我们所见更甚的状况可能他们都预设到了，都想好了对策。胸有成竹，心中有数，反应自然敏捷，应对自然有艺术。相反，没有花心思做太多预设和应对策略思考的我们，碰到如此状况自然也就是两眼一抹黑。可见，课前对整个课堂进行充分的预设，是课堂教学成功的保障。只有课前精心预设，才能在课堂上动态生成。可以说，一堂好课，一定是在充分预设的前提下产生的。

当然，如上所说，课堂教学是千变万化的，永远充满着未知，再好的预设也不可能预见课堂上可能出现的所有情况。课堂上出现了预料之外的生成，教师就应该及时调整预设，给新的生成腾出空间，机智地驾驭课堂，让课堂呈现别样的精彩。课堂突发事件处理艺术的高低，无疑直接影响教学活动开展的品位和质量，更是衡量教师教学能力高低和教学艺术优劣的重要指标。课堂本就应是预设和生成共同作用的综合体，只有精心的预设和精彩的生成共同作用、相得益彰，才能造就灵动、精彩、富有魅力的课堂。这其中，机智无疑是桥梁，是纽带，是关键。

在实际教学中，教师们总害怕预设外的生成会影响正常教学，怕"hold"不住。其实我倒觉得，挑战与机遇是并存的，预设外生成资源，虽有可能是负面的、尴尬的，会影响预案的进行，但也有其促使预案更加灵动的一面，正如前面提到的"临危不惧，成就经典——'我才不愿和你做朋友'"案例一样，也许一个你意想不到、不经意的小插曲，都将成就你永恒的课堂经典，成为你教学生涯最传奇的故事。因此，只要我们善于运用教学机智，就能使预设外生成资源经过我们及时、巧妙、灵活的处理，对教学产生烘托、补充和增效的作用。

在教学中，预设和生成是辩证的对立统一体，两者是相辅相成、互为促进的关系。如果没有精心的预设，就不可能有精彩的生成；反之，如果不重视生成，那么预设必然是僵化的、缺乏生命活力的。纯预设或纯生成课堂都不可取。预设为生成提供可能，生成验证预设的有效性，同时由于其灵动性的特点，又为新一轮的预设拓展思维范围。当然，这其中教师的机智无疑起到了必要的调和作用。由此可见，课堂教学既需要精心的预设，又需要精彩的生成，还需要灵动的机智。没有生成，课堂将按部就班、封闭僵化；没有预设，课堂势必杂乱无章、随心所欲；而少了机智，课堂则失去了灵动与智慧……

老师们，下定决心去锤炼自己吧，当我们能做到全心全情去预设，坦坦然然面对生成，机智灵活处理"事故"时，我们的课堂也就能称为艺术，成为"故事"了。

"不经一番寒彻骨，怎得梅花扑鼻香？"让我们共同期待：芬芳若你，蝴蝶自来！

下 篇

课后的情和趣

　　课堂，顾名思义，上课之堂，也就是师生进行各种教学活动的场所，所以它不局限于我们所说的教室。课堂的时间与空间都是广泛的，学生可以在其中学习知识，锤炼技能，感悟道理，体验情感，反思所做，规范行为。所以，我更赞同另一种说法，称其为"学生生命成长的原野"。

　　前面聊了很多课前和课中的事儿，其实很多时候，课后太多太多的人和事，同样充满着为师为生的趣，沉淀着师生之情，更值得我们去追忆……

又是一年教师节

——"杨老师，猜猜我是谁？"

我们做教师的，最大的成就莫过于看着自己曾经放飞的一群群小鸟长成苍鹰自由翱翔天际，最大的幸福莫过于一年又一年，一届又一届送走他们后，岁月荏苒，十年、二十年后，当他们再回来看我们时，曾经孩提的他们意气风发，已长成大小伙儿、大姑娘，而我们却已抑或两鬓斑白，抑或老态龙钟……但这都是幸福，是岁月积淀的幸福。

又是一年教师节。2017年9月，从教整整二十年，从最初总相信自己能掀起中国教育大风浪的年少轻狂，到现在的趋于平淡，享受做一名普通教师，上课、下课，上班、下班……一切都那么的平淡而真实。

那个平淡得不能再平淡的午后，我正在办公室里批改作业，忽然间电话铃声响起，抬头看去，来电显示是一个陌生的号码，出于工作需要，虽有疑惑但我还是拿起手机按下了接听键。

"喂，是杨老师吗？"

"我是，您哪位？"

"我是谁啊，你猜猜我是谁。"

我果断挂掉！无奈一笑，感叹这么老土的电话诈骗伎俩怎么还有人用，难道骗子不需要与时俱进的吗？

"丁零，丁零"……电话铃声再次响起，还是刚才那个号码。这一次我想也没想，直接挂断。

"铃"电话再次响起，但声音不再是来电铃声，而是短信息的声音，我拿起手机一看，还是刚才的号码发来的，怀着好奇点开信息，猛然间眼眶湿润了……

"杨老师，您好！我是您曾经的学生耀勤，您现在在深圳哪里？我和昌宁、伟誉想过去看看您。"

我随即拨回了电话……

周末，深圳北站，当看到三个高高大大的大男孩儿从出站口走出来，向我招手的那一刻，我再也没忍住……

时间确如白驹过隙，一转眼，曾经蹦蹦跳跳、追逐打闹的三个小男生，已经长成了大小伙儿！

车上一路回忆与欢笑，当然也少不得向我汇报目前的情况。他们现在一个在香港中文大学读博，一个在墨尔本大学读研后留在当地工作，一个从英国毕业后现在回顺德发展，发展得都很好。这一次好不容易三人有假期聚在一起，一拍即合，就相约一起来看我这个他们小学时的数学老师了。

事后我才知道，三个小家伙找到我的联系方式，着实经历了一番周折。他们先是去了我原来在顺德时的家（孩子长大了，工作了，也懂事了，知道心疼老师、孝顺老师，听说过去时还拎了一大筐水果），结果一敲门，发现开门的不是杨老师。我当初离开顺德到深圳后一年，就把原来的房子卖掉了，原来的手机号自然也更换了。好在后面的房主没再换过，知道我是老师，调到深圳工作了，告诉了他们。三个小家伙没办法就回到我原来的学校，几经周折辗转，好不容易才打听到我现在的电话，这也就有了一开始"猜猜我是谁"的那一幕了。

老师们，鉴于我文笔的匮乏，可能大家现在听我叙述起来感觉好像平平淡淡，漫不经心，简简单单，但你们可以想象三个大男孩儿要经过多少周折才能成功打听到我现在的联系方式。毕竟当初我离开顺德那个曾经为之奋斗了十年的岭南美食之地后，和原来的同事也联系极少了。说实话，也就只有那么几个关系非常要好的朋友才会知道我现在的电话。孩子们在去我原来的家寻我无果后，没有放弃，还是想方设法、多方打听，辗辗转转找到了我。这份坚持，是对我这个曾经的老师的爱和惦记；这份看望，也绝不是顺便看看、简单聊聊，那是真心、真情的流露……

说到这儿，我不由得想起身边很多老师常常埋怨孩子的一句话："现在的孩子，有几个有良心的？你看，长大后有谁还记得我们这些小学老师！？"

老师们每每说起这句话的时候，心里似乎都充满了太多太多的不平与委屈。是啊，孩子们大学毕业了，绝大多数是会记得大学老师的，美其名曰去看望恩师嘛；接着就是看看高中的老师，称此为难忘师恩；再不济也会去看看初中老师，谢谢老师陪伴走过成长。可悲哀的是，确实没几人记得来看看我们这些启蒙的小学老师，一个个似乎都忘了是谁曾经牵着他们的小手，从a、o、e、1、2、3的牙牙学语，一步一步带着他们开启知识的大门，踏上人生的智慧之路。

对此，我倒觉得正常。孩子来看我们了，说明他们还惦记我们，发自内心的牵挂总能战胜太多推诿的理由；孩子没来，说明他可能真不记得了，或者说没有一定要来的理由。那我们就得好好反思，自己是不是给了人家应该有的知识传授和爱的感动。人生的每一个阶段都不可逆，今天过去了，就永远成为昨天，孩子们只有一次经历童年的机会，我们应该用心好好陪伴他们走过这珍贵的一程。

对于孩子记不记得我，来不来看我，我从来不担心，因为我知道，我教过的孩子一定会记得我。

最早时候带的孩子，他们一定会记得那个曾经青春年少的大伙伴陪着他们一起玩、一起疯、一起闹，也因为他们调皮捣蛋的恶作剧，用了那么多幼稚可笑的方法去惩罚他们，尽管今天看来，那都是错误的，但曾经那份教育的初心是那么真，那么纯，那么难以忘怀。

稍晚时候带的一些孩子，会记得那个曾经意气风发、帅气的大哥哥领着他们如何一步一步走进数学的世界，感受数学的精彩和魅力，告诉他们人生还有很多很多的精彩等着他们将来去实现。我以那份因为专业底蕴自然而然产生的淡定、从容，在他们最好的知识奠基年华里给了他们许多潜移默化的影响。

而最后真正意义上离开一线讲台前带的那一班孩子，是我最怀念的，毕竟那意味着一个阶段，抑或说一种身份的彻底转变。带了他们两年，两年的时光里，他们曾经的杨老师、杨校长陪他们走过了一段多么快乐的求学之路，我那一腔经过历练后对教育依旧执着的情怀都化成了对他们点点滴滴的谆谆教导和爱的唠叨。如今回想起来，那些点滴都值得永久回忆和感动。

老师们，孩子在人生最纯、最真的童年遇到了我们，我们就应该在他们最美的年龄给予他们最好的一切，知识的沐浴，情感的熏陶，抑或是人生观、价值观的精神洗礼。这样，兴许我们和孩子之间的情感，也就长久了……

第四十四例

老师，你叫什么？

——做孩子够胆和你开玩笑的老师

我一直认为，师生关系的最佳状态就是让孩子既喜欢你喜欢得不得了，但同时又随时保持有一点点小小的敬畏感，这样的状态严爱相济、松紧有度，是真正适合教学管理的师生关系。我的学生和我之间就一直是这样的状态，我在教学中也努力去营造这种状态和氛围。

那是很多年前，我还在佛山任教时，一天上完课，我正走在回办公室的走廊上，忽然后面传来一阵呼喊声：

"杨老师，杨老师……"

我回头一看，我们班三个小男孩儿正兴冲冲地朝我跑来。

"慢点儿！别摔着！有什么事？"我一边大声叮嘱着，一边停下步子等他们。

"杨老师，杨老师，我们有个问题想问你，可以吗？"三个小家伙小眼珠咕噜咕噜转动着"贼光"试探着我。

肯定有问题！我随即一笑，问道：

"什么问题？说！"

"老师老师，我们广东人把爬树的猴子叫马骝，你叫什么？"三个孩子"贼贼"地问我。

我一听，心里已经乐开了花。果然！三个小鬼头这是挖好了陷阱，就等着我跳进去呢。这个脑筋急转弯我可是看过的，我才不会上当。于是我强压着内心的乐呵装着一本正经地回答道：

"哦，这个嘛，我们说普通话的地区把你们叫作马骝的那种动物叫作猴子。"

"切！"

看我没上当，三个小鬼头悻悻然就走了。也不知道现在的孩子从哪儿学来的这个词汇，动不动就"切"。当然，他们是没把我当外人才会这样。

一路走回办公室，回想起刚才三个孩子那"贼贼"的表情，我忍不住好一阵笑。到了办公室，看到我们一位主任正在收拾办公桌，这位主任是东北人，性格特豪爽，就萌发了试一试的"坏想法"，于是一脸真诚、请教的表情问道：

"主任，主任，广东人把那个爬树的猴子叫马骝，你叫什么啊？"

我们这主任是东北人，性格可豪爽了，平时也是大大咧咧的，所以想也没想就回答：

"我叫猴子啊。"

我哈哈大笑："主任，你叫猴子啊？"

她这才反应过来上当了，追着我"打"了半天……

老师们，当你的孩子可以和你亲近到开玩笑的地步（当然，前提是无伤大雅的玩笑，而不是恶意的、无厘头的），那说明他们是真喜欢你，把你当知心朋友了，这是最好的师生关系状态。不过我们也得把握和学生亲近的"度"，要有意地有所保留、有所收敛。有些时候，如果事情到了必须拿出我们作为老师的"威严"才能解决问题时，我们也得"端"得起那个架势。老师们，千万别听某些没真正下过一天课堂、一线的所谓专家忽悠，"要让孩子百分百喜欢你，不能让孩子和你有距离感"等之类的毒鸡汤。这些理论乍听起来好像没毛病，但如果你真全信了，那我只能遗憾地告诉你，你就等着哭吧。现实教学环境中，如果我们只让孩子百分百喜欢我们，而没有一点儿敬畏之心，那是治不好班、压不住场、管不好学生的。毕竟想法是美好的，现实却是骨感的。一个班里，哪能每个孩子都那么省心，都能用温柔去感化？调皮，本就是孩子的天性。我们应本着对他们真诚的爱去教导他们认识是与非，该表扬绝不吝啬，该批评绝不姑息，不能为了让孩子喜欢自己，一味迎合孩子，惯着他们，荒废了他们最应该养成好态度、好习惯的黄金年龄。

第四十五例

缘起《冰雪奇缘》

——看午夜场电影就是为了走进孩子的世界

作为教师，走进孩子的世界，知道他们在想什么，对于我们实施教育教学至关重要，这也正是中国文化中"知己知彼，方能百战不殆"的体现。所以在做老师的那些日子里，我一直都在提醒自己，千万不要和孩子们产生代沟，脱离了他们，那我所实施的教育教学就很可能是我自己的一厢情愿了。因此，和孩子常聊天、常沟通、常玩闹也成了我教学的任务之一。孩子们爱看什么书，流行什么语言，喜欢什么电影……我都时刻紧跟着，生怕一个不留神就掉了队。

记得那天是周四，刚好是我一周里唯一有连堂课的一天，一般教导处在安排高年级老师的课时，一周里都会尽量安排这么一节连堂课，方便老师们有时进行单元测试或开展实践性强的课程。第一节下课后，想着马上就连堂第二节，我也就懒得回办公室，在讲台上边休息，边整理东西。这时只见一群孩子围在一起，似乎在讨论什么有趣的话题，一个个眉飞色舞，好不兴奋！

好奇心驱使我走了过去。

"喂，宝贝儿们，你们在说什么啊？"他们早已习惯了我有意无意地调侃和时不时肉麻的昵称，并不会觉得突兀。

"杨老师，我们在说安娜（Anna）和艾莎（Elsa）呢。"几个小女孩答道。

"还有汉斯（Hans）和克里斯托夫（Kristoff）！"男孩们插嘴补充。

"什么安娜、汉斯的，又是什么新鲜人物啊？"我不解地问道。

"啊？杨老师，你居然不知道安娜、汉斯啊，《冰雪奇缘》电影里的啊，现在可火了，你没看吗？"孩子们一副惊愕的表情，在他们心里，好像我就应该看过似的。

"哦，新出的电影啊，我还真没看过呢。"我悻悻地回答。

"切！杨老师，你out了！"又是一个"切"，"无情"地把我"out"在外。孩子们见我根本插不上话，也就"懒得"理我，又开心地聊起精彩的电影情节来。

不行！我怎么能out呢，今晚必须补上！我一边微笑地听着他们七嘴八舌、叽叽喳喳地讨论，一边在心里暗自下决定。

那天中午放学后，我就拿出手机，打开某电影App，开始搜索时间和场次，可意想不到的是，这部电影原来真的那么火！居然从晚上6点一直到深夜12点的票全部卖光了！而且往后一天也是，再往后就是周末了，更是爆满，白天根本不可能买到票。无奈，为了让自己尽快回归孩子的队伍，拿回我"孩子王"的名号，我只能买了当晚凌晨0：30的午夜场票。

那天晚上，回家吃过饭后，定好闹钟，我先在沙发上眯了一觉，醒来后就直奔影院。

迪士尼出品，品质果然不俗，电影确实很精彩，午夜场居然也座无虚席。

差不多100多分钟的电影放映结束后，已是凌晨3点多。

第二天的第一节就是我的数学课。早读过后，我特意早早地先来到教室，我知道早读完了的早餐时间很长，这是他们聊天的好时候。我昨晚那么辛苦积累的群众资源，今天不"显摆"一下怎么行呢？

果不其然，话题依旧，热度依旧。可不同的是，这一次我成了他们中的一员，孩子们全围在了我身边。

"杨老师，怎么样？好看吧！没骗你吧？"

"杨老师，你太fashion了！"

"杨老师，你喜欢克里斯托夫吗？"

……

孩子们问题不断，并且脸上都带着喜悦。我知道，那份喜悦是因为我认同了他们，永远和他们在一起……

第四十六例

班级兵变

——难忘的最后一课

我想起另一个故事——最后一课。

这个案例充分证明了什么叫"有钱难买愿意"，也从另一个角度验证了，作为教师，俘获孩子的心是多么的重要。

那一年，我带六年级毕业班。深谙教育的人都知道，我们虽不能唯分数论，但考试成绩在评价学生的学和教师的教时确确实实还是占主导地位的，所以一般到了学期末最后一个星期，术科都要提前结束课程，剩下的时间全给语、数、英老师进行综合复习。这时，如果是教学质量过硬、有良好学风教风的学校一般都会形成一种传统，那就是由各班的班主任将最后一周的课重新进行分配，按学科性质、各学科进度及需求情况等分给语、数、英三科老师，颇有些年终"分猪肉"的感觉。不过一般来说，班主任老师会分到多一些，理由嘛，你懂的。

当然，也经常有分了还嫌不够，去找搭档"要课"的。

"杨老师，您看您数学都教得那么好了，都不用复习了，您一会儿最后一节课能不能给我？我这里还有一个句型没有讲，这个句型特别重要，我感觉肯定会考的，拜托拜托了！"

要课的是和我搭班的英语老师，一个本学期刚调进来的新老师，还在试用期，这次考试成绩的好坏应该很大程度上会直接影响他能否调进来。

看着他着急和恳切的神情，我心软了，一狠心，答应了他。要知道，那可是本学期最后一堂课，关键是我带了这个班三年，那也是我给这个班的孩子们上的最后一堂课。未来，给他们上课的将是他们的中学老师、大学老师了，杨老师这一篇就此将画上句号了。更为关键的是，那也是孩子们人生中最后一堂小学课，上完这堂课，基本也就意味着他们的小学生涯就此结束了。如此有意义的一堂课，原本我真是有很多安排的，除了交代一些学科考试要注意的事项外，还计划和孩子们好好谈谈人生、谈谈理想、谈谈将来。但人家老师都开口了，而且还牵涉这样的利害关系，我也就不好推辞了。

小伙子千恩万谢，兴高采烈地拿着要讲的所谓"重要句型"的资料向教室走去。

"嘭！"办公室里有一声闷响。

大家抬头一看，才没过几分钟，小伙子就气急败坏地回来了，只见他把手中的资料往桌上一砸，生气道：

"杨老师！这个破班！我再也不想见到他们了！这堂课我不要了，您自己去上吧！"

"怎么啦？怎么啦？别生气，发生什么事了？"我着急地问道。

这一打听才知道原委，原来孩子们大了，有自己的想法了，当我们的英语老师怀着一颗"丹心"走进教室，正准备孜孜不倦绘"蓝图"时，孩子们一看本该上数学课的，硬生生给换成了英语课，全班孩子就整齐划一地拍桌子、打节奏、喊口号抗议：

"不上英语课！要上数学课！不上英语课！要上数学课！"

这也就有了英语老师被气回来的那一幕。

知道事情原委后，我迅速到班上先"武力"压制了一番："怎么？搞兵变？要造反啊？！英语老师来上这节课首先是我同意了的，其次他不也是为了你们好啊？否则人家好好坐在办公室吹着空调休息不更舒服啊？！"

我高八度音调的"镇压"取得了效果，教室安静了、学生沉默了……

"可杨老师，您知道吗？这是您给我们上的最后一堂数学课，也是我们小学生涯的最后一堂课！您陪伴我们三年了，我们全班同学都盼着您给我们上这最后一课呢。再说了，今天都上了三节英语课了！"沉默了一会儿后，数学科代表理直气壮地站起来辩驳道。

她说完后，教室里陆陆续续响起了不少赞同和回应声。

"我理解你们！你们也是舍不得杨老师，想最后再听一次杨老师的课。但咱们也要理解英语老师啊，不能把人家的好心当成驴肝肺，还硬生生把人给哄了回去，这样真的好吗？！"

这一次，我换了低八度音调循循善诱施以抚慰。

"现在你们自己说这件事该怎么处理吧。"

在时间凝滞了一两分钟后，我开始搭下坡的台阶。当然，这个台阶不光是为了孩子，也是为了我自己好下台。老师们，这就是批评的艺术啊，就像聊天不能聊死一样，批评人也不能往死里批评，一定要为自己和别人都留下台阶和余地，那是暴风雨过后还能给予我们温暖的诺亚方舟。

"我们错了，我们去给英语老师道歉。"班长也站了起来。

"那好，现在你们俩就代表全班去给英语老师道歉，然后征求一下老师的意见，剩下的时间还需不需要讲？"我命令道。

一会儿，俩人回来了，说已经向英语老师道歉了，老师也原谅了大家，但剩下的时间他不想上了，让我还是上数学课。

此时，我明显看到下面的孩子在悄悄比"耶"的手势，毕竟是孩子啊，喜怒永远都在脸上。这一次我自然也就装看不见了，毕竟那是孩子的心声啊。

这就是我给那个班的孩子上的最后一课。

老师们，从这"最后一课"的故事中，我们应该有所启示：第一，就是做孩子的知心人，孩子喜欢你的人，自然喜欢你的课。我们不需要做太多压根儿就没什么用的"额外功夫"。第二，就是作为搭班老师，切记我们一定要相互"撑面"，绝不能在孩子面前说别的老师的不好；相反，无论人前人后、明里暗里，都要互相搭台、互相维护。如果搭档真有做得不好的地方，我们应私底下再沟通，以取得共识。"人"字的结构就是相互依靠，人与人之间合作的前提就是彼此包容、认可和帮助。

再说了，人活一辈子，爱情也好，亲情也罢，友情如是，始终都是我们情感中最值得珍惜和留恋的，不要因为工作而失去了这些最美好的东西……

一束玫瑰的心意

——我"违规"收下了孩子的礼物

不太记得清那是哪一年教师节的事儿了，总之每年教师节来临之前，各级都会有文件精神传达下来，大致意思就是不准教师在节日收受家长、孩子的礼物之类。大家早已见惯不怪，并且每年也都早早地通过家长会等各种途径告诉家长，真没有必要这么做，孩子的成长和进步就是给老师最好的礼物。不过那一年似乎动静特别大，文件一个接一个，学校为宣传各级文件，教职工大会都不知开了多少回。印象中好像是因为某地一个幼儿园老师在微博上晒出一张大闸蟹礼盒的照片，并配文说是学生家长送的，说她更喜欢人民币之类的。这下可激起了民愤，该微博随即遭受了全国网友的抨击与谴责，事件也持续发酵，很多相关负责人都连带受了处分。

其实单从这件事来说，我觉得这位老师真是丢脸！丢我们全国千千万万教师的脸！特别那一句"我更喜欢人民币"，更是低俗到了极点。君子爱财，取之有道。你收了人家贵重的礼物本来就不应该，即便是正常的人情往来，人家给你送了礼物，那是人家的一份心意、一片情意。你怎么可以低俗到用钱去衡量喜欢与否呢？而这匹害群之马的不当言行，最终的结果却是让所有的教育同行、家长、孩子一起埋单，于是也就有了不准拿孩子一花一卡这样"过犹不及"的"规定"。

"孩子，怎么啦？"教学楼走廊里，看着一个小女孩失落、眼里还噙着泪水的样子，虽不是我们班的孩子，但我仍忍不住关心地询问道。

"老师，没什么。"孩子非常懂事、非常礼貌地回答我，但一直在眼眶里打转的泪水却再也没忍住，滑落了下来。

"哟，这是受什么委屈了吧？别哭，告诉杨老师好吗？"

"老师，真的没什么，呜呜……"

可能是我自作主张的关心触及了孩子心灵最深处的脆弱，她再也没忍住，小声呜咽起来……

我把孩子领到办公室，递了张纸巾让她擦干泪水，还给她倒了一杯热糖水（这是我俘获孩子的一大法宝）。孩子接过杯子的时候，我才发现，她的一只手里一直紧紧攥着一支玫瑰花。

"现在能告诉老师发生什么事儿了吗？是不是同学欺负你了？"我关切地询问。

"老师，没有同学欺负我，是教师节了，我送老师花，老师不要。老师是不是不喜欢我了？"孩子怯生生地问我。

我心里一怔。

"你这么懂事听话，老师肯定不会不喜欢你的，老师说了为什么不收吗？"我安慰道。

"老师说，自己做的可以，凡是花钱买的都不行。"孩子回答。

我恍然大悟，原来是这么回事，又是"大闸蟹"老师惹的祸。

"哦，现在啊确实不倡导学生花钱买礼物送给老师，但我相信你们老师还是很喜欢你，也喜欢你买的花的，只是有规定不能收，所以老师才没收的。但我敢代你们老师保证，这一点儿都不会影响她继续喜欢你的，明白了吗？"

"真的？！"孩子转悲为喜，眼神中又重新充满了幸福。

"当然是真的！不过你们老师既然都提前说了不让你们买礼物，那你为什么不像其他同学一样自己做一份礼物送给老师呢？"

"老师，我做了……我自己做了一张贺卡，但是真的太丑了，老师肯定不会喜欢的。我发现我们老师很喜欢花……"孩子解释。

我无语，真是个用心的孩子啊，我为她的父母感到自豪，也深深地嫉妒她的那位老师。作为一名教师，能教育出这样懂得感恩，又如此贴心的孩子是一件多么幸福的事儿啊！

"这花真漂亮！你哪儿来的钱买的呀？"我微笑着问孩子。

"我用自己的零花钱买的。"

"哦，多有心的孩子啊，花了多少钱呀？"

"两块钱。"

这次轮到我感动了，同事拒收礼物的行为不能说有错，但她教条的做法对一个纯真孩子的伤害又岂是这两块钱可以衡量和弥补的！今天，还有多少孩子的真心真意会被这样类似的做法所伤害，我不敢想象。

那一年教师节，我收到了很多孩子亲手制作的卡片、小制作、纸花、橡皮泥花，当然也收到了好多真花。是的，是真的花，是带着香味的真花，不是做的。一支一支，零零散散，有康乃馨，有玫瑰……甚至还有清明才用到的不太合时宜的菊花，我都欣然收下了。因为我知道，那是来自孩子们心底最真、最纯的爱意，何其珍贵，我怎忍心拒绝和辜负。我把这些花一支一支收拢起来，插进了办公台上的玻璃瓶里。其他办公室不明就里的同事们都笑我插花的水平怎么如此"重口味"，整个就一大杂烩。但在我看来，那却是我一生最美的插花作品……

老师们，教育本就应该是有人性、有温度的，设立教师节的目的，原本就是为了引导全社会形成尊重老师、重视教育以及感激师恩的社会风尚。对任何一个有职业操守的教师来说，最珍贵的礼物莫过于学生对教师价值的承认与感恩，而不是一种简单的物质交易。我们倡导学生自制贺卡，抑或是给老师写一首小诗、画一幅画作为教师节礼物，而对于贵重礼品以及购物卡、礼品券等礼物，我们应该坚决拒收。咱做老师的，"不为五斗米折腰"的这点清高还是必须保持的。但我们也不能太教条主义，如果孩子用自己省下的零花钱给老师买了礼物（当然前提是金额不大），我们也不该死板而不讲究方式方法地断然拒绝。毕竟那也是孩子的一份心意啊！我们应该根据实际的情况做最适合、最应该的处理。要知道，这也是教育。

我做老师时，每年教师节前，都会先引导孩子们：第一，你们好好学习，乖乖听话，就是给老师最好的礼物。第二，在时间、材料允许的情况下，可以自己动手做一份小礼物给老师，实在不行的话，送老师一句最真诚的祝福也是最好的礼物，老师同样非常喜欢。毕竟，借节日契机，通过亲手制作礼物等活动，对孩子进行尊师重教的教育也是必要的。但尽管做了引导，也难免经常会出现上面说的小女孩那样的特殊情况，这时我们就应该灵活处理，两块钱一支的玫瑰，先收下又有何妨？我们收的是孩子的心意，这是为师者应该给予孩子这份心意的一种呵护。

我也曾遇到过家长教师节送贵重礼物的情况。如果是家长亲自送的，我会当场委婉拒绝。如果是家长让孩子送的，我一般都会先收下，然后再用一个更漂亮的信封、礼品盒之类的将其包好后，让孩子送还给家长，并告诉孩子，爸爸妈妈的礼物我收下了，这是老师回送给爸爸妈妈的礼物，务必帮我亲手交到爸爸妈妈手中。在礼物的包装盒里，我总是会亲自手写一张感谢卡：某某家长，谢谢您对我及我工作的肯定和认可，心意我已经百分百收下了，您的继续支持与配合就是给我最好的礼物……这样处理的原因是我始终觉得，我们成人的世界太复杂，我不希望孩子因为我的拒绝而想太多，而有负担，而难过。

当然，我们也不要过度发散，觉得"重新包装后的礼物"让孩子送回去会不会让孩子沾染太多，其实那是我们自己想太多了，孩子的世界，比我们成人的世界纯洁多了。他们只会想到老师也送了爸爸妈妈礼物，说明老师也喜欢爸爸妈妈，也喜欢自己，就这么简单。至于太多太过复杂的东西，他们长大了自然会懂得分辨是非，我们不必着急。而且当某一天孩子长大了，爸爸妈妈告诉他们曾经老师是这样用心、细心地处理那份礼物，呵护他们最纯真的心意时，他们所接受到的那种不失温度，又极具人文关怀的教育，该是多么的正能量，多么的刻骨铭心！

这才是我们应该追求的最真、最善、最美的教育。

第四十八例

投诉的真相

——孩子考试99分，家长投诉孩子学习退步了！

我是一线走出来的教师，所以我很能理解一线教师的无奈与艰辛，特别是在当前大环境下，做教师真心不容易。社会、家长要求越来越高，似乎都希望我们教师是三头六臂的超人、满腹经纶的圣人，同时还必须是能教出好成绩的强人。而学生却越来越难管教，骂不得打不得，稍有差池，家长一纸投诉，往往让教师落得个被撤职辞退的结果。曾几何时，教师已然成为教育角色关系中弱势的一方。

那是一次期中考试后的第二天，我正在办公室批改作业，忽然有人敲办公室门，办公室老师齐刷刷抬头一看，是一位妈妈拿着试卷颇有兴师问罪的架势朝我这里走来。同事们互相用眼神一交流，知道是我们班的家长，也就埋头做自己的事儿了。我则起身相迎。

"小云妈妈，您好！有什么事儿吗？"我职业而礼貌地问道。

"是有点事噢！杨老师，您看我们家小云这成绩，才考了99分，明显退步了！"小云妈妈边说边走到了我的办公桌旁。

考了99分还叫退步？我无语。

"扑哧！"办公室里不知是谁没忍住，发出了一声"悄悄"的笑声。

小云妈妈当然也听到了，脸色一变，循声望去，但见我那些可爱的同事们一个个正襟危坐，当真一副师道尊严的样子，没有谁表现出一丝"扑哧君"的痕迹，于是也只能悻悻地收回搜寻的目光。

我暗自好笑，这群家伙，平时工作之余一个个也没少插个科、打个诨、开个玩笑的，这会儿倒忍得住。一边想着，一边却也从旁边拉了一张椅子招呼小云妈妈坐下，并伸手接过她手中的试卷，煞有介事地"分析"起来。

　　小云是一个很听话、很腼腆的女孩子，平时很少说话。但说实话，她的成绩在班上也就是中上等，谈不上拔尖，一般考试也就在92分左右打转，少有突破95分的，更别说100分了，这次能考99分，那当真是大大地进步了。再说了，这一次考试，全年级十个班总共也才3个100分呢。关键我还了解到，为此她妈妈昨晚在"小家长群"里已经显摆了好久了（何谓"小家长群"下面再解释，但无论什么群我都有"内线"，这是班主任必需的技能）。今天来这里的真正目的，除了强化显摆外，应该不是真觉得孩子退步了，而是想借"投诉"这样的方式，引起老师的注意，让我以后对小云多多关注而已。想清楚了这些，我郑重地对小云妈妈说道：

　　"嗯，您说得很有道理，分数确实不能反映孩子全部的学习情况，从小云最近的表现以及这张试卷的难易度来说，她的成绩应该是在90分左右，这个分数多多少少应该还是有一点点运气的成分。"

　　"啊？不会吧？！真的吗？！"小云妈妈一副诧异着急的神色，其中还带着些许的失落。当然了，她引以为傲的全年级第2名一下子掉到第200名后，这落差该有多大啊。

　　"是的，是真的，小云这孩子很乖、很听话，学习也很用功，但数学这门学科，需要一定的天赋，光靠刻苦用功可不行，得积极参与探究，在探究中锤炼、发展自己的思维才能把数学学好。小云很少参与课堂讨论，也很少举手发言，如此这般，随着知识难度的增加，题目灵活度的增大，再以这样的方式学数学，压力和难度只会越来越大。但无论怎样，在试题如此难的情况下，小云这一次能考这么高的分数，我们应该好好表扬！正好借此机会鼓励她朝着更高的目标前进。"我解释道。

　　我的一番话，一方面告诉小云妈妈，我们得承认学习任何东西都需要一定的天赋，孩子的天赋不在此；另一方面，也告知了孩子学习方法的欠缺和改正方向；最后还表扬了孩子，强调了考99分已经很不错的事实，也顾及了小云妈妈最看重的"面子"，这样的回答应该说算是滴水不漏了。

　　"哦，原来是这样啊，那看来分数真不能代表一切，我回去好好和孩子谈谈，谢谢您，杨老师。"小云妈妈连声道谢后，离开了办公室。

　　"哈哈哈哈，笑死我们了！小杨，高！"小云妈妈前脚刚离开，办公室的同事们再也忍不住笑出了声，一个个还朝我竖起了大拇指。

但我却无奈地摇了摇头，陷入了沉思。

先说"小家长群"的事儿吧。随着信息化进程的加剧，微信、QQ等媒体工具也成为我们必不可少的交流工具，让我们的沟通变得更加及时和高效，所以学校建立了公众号，而几乎所有的班级都建立了家长群。每天老师有什么事儿需要和全体家长沟通的也都会通过群发消息广而告之，而个别孩子的问题也可以通过"私聊"功能达到沟通的目的，避免了像原来那样，挨个打电话通知家长的烦琐，很大程度上减轻了教师的负担。但近年来，受整个教育大环境及媒体负面报道的影响，家校共育过程中也滋生了很多新的矛盾，最突出的就是彼此的不信任，所以个别家长在全班公开的"大家长群"之外，还开辟了少数家长加入的"小家长群"。一般来说，这种小群由于比较隐晦、不公开，呈现的负面东西也比较多。所以我们老师要想了解自己班级很多内部的消息，必须关注小群，一方面是从小群的负面讨论中及时反省自己做得不好的地方，有什么事第一时间做出积极的应对策略；另一方面也可以侧面引导小群朝着积极的、阳光的方向发展，最终逐步统一到大群，方便班级的管理。因为家长和老师之间，其实没有利益冲突，不存在多深刻的矛盾，相反倒有共同的目标，那就是都是为了孩子好。所以有什么大家不能摊到桌面上来说呢？真没必要彼此猜疑和防备。

再说说教育大环境、大氛围吧。不知何时，我们的教育变得如此举步维艰。且不说家长的唯分数论，光说为了让老师多关注自己的孩子，家长就要采取如此偏执的方式，何其悲哀！什么时候家长和老师、和学校之间竟演变成需要彼此斗智斗勇的状态，这不是我们理想中应该有的教育氛围。所以这一场和家长的"智斗"中，表面上我是赢了，但赢得并不畅快、并不开心，甚至心里感觉堵得慌！我们的教育什么时候变得如此功利？在家长眼中、老师眼中、学校眼中，分数代表一切，成绩好就是优生！我们不少学校在学校大门上张贴的办学宗旨是：为学生的终身发展奠基。而实际操作起来却是：什么有利于学校生存，我们就追求什么；家长需要什么样的结果，我们就办什么样的教育。如此一来，家长追求分数，学校、教师就拼命抓成绩，成堆的练习像小山一样压来，师生却励志共勉，多做多练，熟能生巧！

我原来居住的蜗居正好和当地一所名牌中学仅一墙之隔，记得那一年春节，惧于回老家过年的烦琐应酬，我就留在广东过年。但这个年我看到的一切却着实让我感慨许久。清楚地记得那天已是农历腊月二十八，南国的冬季，寒风照样刺骨，离中国人传统的大年仅两天了，我从超市拎着满满的几大包年货正在阳台整理时，忽然听到一阵熟悉的喧闹声。循声望去，居然是旁边中学的孩子们才放假，正收拾东西准备离校。触景生情，回想起当初也是如此苦读的自己，当时心里就一酸，当真是十年寒窗啊！更可怕的是到大年初三，套一句中国人的俗话，这年味儿还没过呢，旁边的校园里又开始人声鼎沸起来，孩子们开学了……

也许就是从那时起，我就一直在祈盼着改革，不，是革命的到来，整个课堂的革命，教育体制的革命。很欣喜，2017年陈宝生部长一句"掀起'课堂革命'"让无数教育人为之热血沸腾，盼望着，努力着。我祈盼的那一天，应该快到了……

第四十九例

第一次征战全国

——幸福都是奋斗出来的！

我常说人的成功有三个要素：第一，是天赋。我们不得不承认，无论做任何事情，如果你要站到金字塔的最顶端，那都是需要有一定的天赋的。第二，是机遇。正如种子需要掉落到合适的土壤里方能生根发芽、开花结果一样，我们的所有天赋也需要在合适的时间，遇到合适的人，恰逢合适的机会方能显示出来，我想这也是伯乐识马这个成语的由来吧。第三，当然就是后天的努力。我们光有天赋，如果不去努力，即使曾经有过机遇的降临，那也只是如指中沙、篓中水，无法留住。

很幸运，在教学这条路上，我有一点点小天赋。我天生性格开朗，真要给性格来个定位，应该属于人们常说的"人来疯"型吧。什么意思？就是公开场合，人越多我越兴奋，表现越好。仅凭这一点就让很多教师望尘莫及了。因为我们很多教师一到大型的公开课场合就发怵；只要听课的人一多，腿就哆嗦，嘴皮子也不利索，反应也慢了半拍，不是蒙圈儿丢三落四，就是慌里慌张手忙脚乱。这如何能脱颖而出？要知道，任何一位名师可都是从一堂张扬自己个性风采的公开课中走出来的。没有名课，只有研究的那叫名专家，不是名师。

当然，我也抓住了机遇，那就是遇到了人生中的两位贵人，我的两位恩师——郑幼莉师傅和陈仲秋师傅。毫不夸张地说，如果不是站在两位恩师的肩膀上，我杨松绝不可能在今天的年龄取得今天的成就。两位师傅让我在教学的路上少走了很多弯路！他们曾经给予我的那些智慧的点滴点拨，看似不起眼，却实实在在是很多普通教师要经历很多年的教学历练才能顿悟的真谛。

最后来说说后天的努力和勤奋吧。天道酬勤，一分耕耘，一分收获，这是亘古不变的道理。

我的家乡在贵州省清镇市，是省会贵阳市的一个下属县级市，是一座山清水秀的小城，被红枫湖、东风湖、百花湖三大湖紧紧环抱，素有"湖城""高原明珠"的美称。

那是2000年，我参加工作的第三年，幸运如我，区赛、市赛、贵阳地区赛，我一路过关斩将，冲到了贵州省第二届小学数学优质课大赛决赛的舞台，并一举夺魁，获得了全省第一的殊荣。按理说，我拿了全省第一，就应该由我代表贵州省参加当年的全国大赛，但由于诸多原因，到最后确定下来由我参赛的时候，离正式比赛已经只有11天了。如果除去坐火车从贵阳赶往淄博的2天车程（因为20年前的贵州经济相对还比较落后，一般出差我们都只能坐火车，还有就是那时候的火车可没现在的高铁快），也就只有9天的时间可以去做准备了。而且，那一年我们省教研员去北京抽签手气也不好，抽到的课题是老人教版小学《数学》六年级总复习中的"量的计量整理和复习"这么一堂复习课，不！是总复习课！还有就是关于计量单位这个内容，即使不教数学的老师也知道，什么长度单位、面积单位、体积单位、时间单位等可不是在一个年级段学完的，它是从小学一年级一直到六年级都有的。不用我再说，大家都知道要上这样一堂课，难度该有多大了。

记得收到正式通知的那天下午，师傅来到我的小宿舍，"啪"地给我放下24册书——从小学一年级到六年级的全部教材和教参，然后撂下一句话，"今天晚上你就把它读完哈"，然后转身就走了。

我知道师傅的良苦用心，因为这种大课，用咱行话说，肯定得放开了上，但那时我只是一个刚刚参加工作三年的毛头小子，我只完整地教过一个四年级和一个五年级，正在教六年级，还没教完呢。师傅和我都清楚：一旦课堂真正完全放开后，学生的问题如何应答？临时生成的教学资源如何利用？六年级的复习课的沉闷气氛如何打破？这些对于教龄尚浅的我来说绝对是个大问题。她是在担心我，怕我应付不来。俗话说："腹有诗书气自华。"只有扎扎实实将整个小学阶段和本课相关的所有知识都全部熟悉后，才能"兵来将挡，水来土掩"。

师傅走后，我把宿舍门一关，在那几平方米的小屋里用一整晚时间，硬是把小学12册教材全给啃完了。当然，如果说每一个内容都是精读，那是骗鬼的，说出来你也不会相信。但凡是有关计量单位的内容一定要精读，并做笔记，而其他的知识点，则主要就是看其在每一册的分布情况及知识点间的衔接。

师傅简单询问教材阅读情况后，宣布我9天的"地狱式"磨课历程拉开了序幕……

在接下来的9天里，我每天白天在完成了自己应该完成的课时任务后，就开始试教参赛的课例，而晚上则是根据白天师傅和听课专家们的意见重新整理教学设计，修改制作课件，常常一干就是通宵达旦。那段时间，我平均每天最多只能睡4个小时。高强度的工作带来的伤害也逐渐在身体上表现出来。我的嗓子严重发炎，说话都疼。但我还是咬牙坚持着，经常是吐掉口中还没完全融化的咽炎含片，马上就投入课堂。而最长的一次，我连续试教了4个多小时，只是学生换，我不换。第一个班的孩子进到试教教室，我用第一种教学方法上一遍；这个班的孩子撤下，换另一个班的孩子进来，我继续用第二种方法再上一遍。如此反复。而之所以这样做是因为当时我还太年轻，教学风格还没定型，师傅也不知道哪种教学方式更适合我，所以有什么好思路、好想法都得试一下。再加上时间太紧，所以只能连轴上了。但如此高强度的工作也让年轻的我有些顶不住了，嗓子发炎的问题也日趋严重。在一次试教过程中，我的嗓子痒痛难耐。我一下子没忍住，"哇"的一下，在讲台上当场就吐了。那一刻，我看到现场听课的孩子和老师们都愣住了，师傅迅速走了上来，简单安抚住学生后，找来一个咱们常用的透明的塑料一次性水杯给我倒了一杯水，关切地问道：

"怎么样？没事吧？还能坚持吗？"

"行，没问题的！我能坚持！"我接过水杯，漱了漱口，坚决地回答。

"好，那咱们就继续哈。"师傅心疼，却很满意。

生活中，我们每个人都有一些小嗜好，我也不例外，那就是直到今天，我对那种透明的一次性塑料水杯都十分有感情，偶尔用时，总会想起很多，继而会心一笑。

试教继续……

终于，功夫不负有心人！13天后（我抽到的签是第3天上课），山东淄博体育馆的赛场上，在课件出问题的情况下，我还是完美演绎了本课，一举斩获当年大赛的一等奖！偌大的淄博体育馆，当我干脆、果断地说出那声"下课"时，全场那热烈的掌声至今仍犹在耳。

那一刻，我知道，成了！

记得当时我上完课，在众多找我签名、留电话的老师中，有几个贵州老乡的话让我十分感动："杨老师，谢谢你！为我们贵州扬眉吐气了！"因为这是贵州当时在这个赛事上获得的最好成绩。我所有的努力终于有了回报，而且是在如此广阔的舞台。我知道，我已成功迈出了自己教育人生中最关键的一步！

时光荏苒，转眼差不多20年过去了，今天再回想起来，如果说还有什么想告诉和我当年一样正值青春的年轻教师们，那就是：机会像一个害羞的客人，她的到来总是那样的悄无声息。也许只是羞涩地轻轻敲一敲门，主人没及时回应，她便默默地转身离去。她的去也正如来那样了无痕迹。还有就是，幸福都是奋斗出来的，天道酬勤，亘古不变。

山东淄博：第一次参加全国大赛

第二次参加全国大赛

——好操作胜过好设计

堂课的设计直接关系整节课的结构和品质，这毋庸置疑。但很多时候，课堂也是灵动的、随机的，我们永远无法预知下一刻一定会发生什么，所以我们经常看到有教师拿着精品级的教学设计上出不及格的课，也有教师拿着并不出彩的教学设计，却把课上得精彩纷呈这样的事儿。这也印证了仲秋师傅曾经告诉我的那句经典之言："好操作胜过好设计。"

那是我从贵州老家刚调到广东后不久，恰逢当年的全国第八届"创新杯"教学艺术大赛举行，学校和教育局自然而然派我代表广东前去参赛，理由很简单，我是顶着全国赛课一等奖的光环调过来的，但那只代表过去，现在来到新的地盘，是真金不怕火炼，还是徒有虚名，总得一试真假。套句中国人常说的老话就是：是骡子是马怎么也得拉出来遛遛才是。

背井离乡，没有了幼莉师傅的亲自教导，又还没正式拜入仲秋师傅门下（和仲秋师傅的师徒缘分结于这一次大赛后），一切只能靠自己了，而且只能成功不许失败。这一点，我比任何人都清楚！

这一次我决定挑战的课题是"圆的认识"。

又是一番没日没夜的煎熬。终于，课设计出来了，报告学校分管教学的副校长后，决定在学校的老阶梯室进行第一次试教。我忐忑地等待着一切的到来，担心自己试教不好，忧虑听课老师对我的评价不好，生怕新同事们质疑我……新人，他乡，陌境，一切似乎都警示我该如履薄冰。然而，一切的一切不允许我退缩和胆怯，我知道我只能豁出去尽力一搏。

终于，试讲完毕。

课后点评会议，当我怀揣不安等着挨批时，师傅却先发话了：

"非常好！就这样去参赛，绝对没问题！个别细节稍微调整一下就行了。"

多高的评价！简简单单一句话，却有着重似千斤的分量，要知道，在当时我所在的地区，师傅"陈特"这个名号可是响彻全区的。

只见众人都先惊讶地看了看师傅——这位透着睿智的"老头儿"，随即就都点起了头。我知道，这是一种对权威的默认和赞同。

之后，师傅单独给我说了几个应该注意的小细节，让我自己找两个班的学生再熟悉了两遍，就放心去参赛了。

结果不用说自然是极好的，我力拔头筹，一举拿下当年大赛讲课类的第一名（当年分了讲课和说课）。在回来后的庆功总结会上，师傅做了总结发言。发言的主要意思就是这堂课从设计上来说并不尽完美，但我却用自己的灵动、智慧和个人魅力完美地呈现了本课，也征服了评委，号召老师们要多练课堂教学基本功，这样才能在日常教学不可能每一课都精心设计的现实下，用自己的好操作，弥补教学设计上的不足，让每一堂课都精彩、有效。

老师们豁然开朗，我也如醍醐灌顶，忽然间感觉离教学的真谛又近了一步。

时过境迁，以今天的我的教学眼界，再回头去看当年自己对于"圆的认识"这一课的教学设计时，说实话，连我自己都觉得还有很多问题。我庆幸当年有师傅这般睿智的老人，在乱花迷人眼中看出了浅草没马蹄的真谛，敢让我放手一试，去搏，去闯，也明白了，对于一堂课的成功与否，教师自身的教学艺术高低是多么重要。

和仲秋师傅的合影（仲秋师傅：左二）

人格分裂式备课法

——"带佛性的课"

竹径通幽，梵音隐约，偶然一阵微风吹来，还夹带着檀香的味道。一座残旧的宝塔，一隅僻静之所，没有香客的滋扰，甚至连寺中的僧人们也少至，晨钟朝露，暮鼓夕阳，一切是那么安静，那么祥和，这正是我备课的地方——宝林寺后山的佛塔平台。实话说，我不信佛，但这方寸之地，确实太适合修我的"教学之道"了。

"同学们，关于圆，你还知道什么？"师问。

"老师，我还知道圆有直径、半径。"生1抢答。

"老师，我知道圆的直径的长度是半径的两倍。"生2补充。

"老师，我反对他的说法，应该是在同圆或等圆中，直径的长度才是半径的两倍。"生3反驳。

"哦，为什么啊？"师追问。

"因为如果不说清楚同圆或等圆，那一个很小的圆的直径也许还没一个很大的圆的半径大呢。"生3补充解释。

学生们鼓掌。

"老师，我还知道祖冲之！"生4补充。

"给大家介绍一下。"师鼓励。

"老师，我还会用圆规画圆。"生5抢答。

"那你能上台给大家演示一下，你是怎么画圆的吗？"师邀请。

老师们看到这儿，一定以为这是哪堂课的课堂实录吧，其实这精彩的师生对话演员只有一个人——那就是我，一个在这古刹后山无人之地，一会儿是老师，一会儿又装学生，正自导自演的"神经病"。

　　这就是我的备课方式，我称其为"人格分裂式"备课法。只要我有大课任务时，都会这样找一个僻静的地方进行备课，包括我第二次全国大赛的课也都是这样备出来的，所以同事们经常笑我的课是"带佛性的课"。是啊，我虽不信佛，但兴许佛门圣地的那份宁静清明、那份推己及人，也正是我们为师者应追求的纯净做人、纯粹教书、以生为本、渡己达人之境界。

　　关于备课，《现代汉语词典》解释为：教师在讲课前准备讲课的内容；百度百科则解释为：备课是指教师根据学科课程标准的要求和本门课程的特点，结合学生的具体情况，选择最合适的表达方法和顺序，以保证学生有效地学习。备课的内容有课程标准、教材、学生、教法、学法。

　　由上可见，备课通俗地说就是教师在课前先想清楚自己要教谁、教什么、怎么教的问题。这个过程是对教材、课标理解的深化，对教法学法的不断筛选优化，对师生教与学过程的提前演化。但事实上，我们很多教师，特别是年轻教师，把"备课"理解成了"背课"，当教学流程确定后，就开始死记硬背流程，力求每一个字、每一句话都严格按照教案来执行，这样的结果就是课堂呈现教师"控制欲"强，牵着学生走的状态，课堂失去了本该有的灵动，也没有了创新的智慧火花。

　　我个人提倡"人格分裂式"备课法。这提法初看挺吓人的，但事实上此法却能让你的课回归本真、重拾灵动。

　　所谓"人格分裂式"备课法就是在备课时，教师先以教师这个本我的身份，在脑中像演电影一样，想象自己在课堂上对于课的每一个环节、每一个问题，甚至每一句话、每一个动作、每一个表情该如何去呈现才是最好的，才是最易让学生接受的。然后马上转换角色，想象自己就是在现场听课的学生中的一员，听到老师如此讲解时我能不能听懂？我该如何回答？我又会联想到什么？最好是把自己想象成好、中、差三个不同层次的学生，联想他们在听课后分别会有怎样不同的反应，然后脑中马上又转换为教师角色，思考我的学生这样，我又该怎样应对……如此循环往复，把整堂课在脑中一遍一遍地推敲、演练。这样备课，到了真正上课时，呈现的一定是最有效、最灵动、最有针对性的课堂，因为它是基于学生实际想法的，这样的课堂上所发生的一切都是师生最本真、最自然的体现。

第五十二例

儿童漫画VS教学经典

——来自一本儿童漫画的教学启发

    ❝我觉得大师兄厉害！"

    "切！我觉得小师弟厉害一些！"

    "别争了，长眉师傅和胖师傅更厉害啦！"

    ……

    课后，孩子们又开始聚在一起谈论属于他们的时尚话题，这一次的主题是一本叫作《乌龙院》的漫画。

    我凑过身去瞟了一眼，但见漫画书上有错综复杂的线条、花花绿绿的色块，顿觉眼花缭乱，心想他们啥时候又淘了这些乌七八糟的东西了？好不好？合不合适？我可得留意一下，别把孩子们给带偏了。脑袋里一走神，正想着如何"潜入"敌人阵地，又被孩子们的争吵声打断了思绪。

    "要是长眉师傅和胖师傅打一场，谁更厉害啊？"

    "肯定是长眉！"

    "不对！是胖师傅！"

    是什么样的一本书，竟能让孩子们如此去争先抢阅，乐此不疲？果然，孩子的世界我们成人有时真是不懂。我一边想着，一边搭话道："又出了什么稀奇古怪的书了，给我说说呗。"

    "杨老师，过来，坐这儿。"几个孩子给我让出了一个空位。不，准确地说应该是三分之一椅子的位置。

    哈哈，小家伙们果然没把我当外人啊。我心里嘀咕一下，也没客气，凑过去挤着便坐了下去，和孩子们一起翻阅起桌上那本漫画。

    当然，作为老师，我的待遇还是不错的，那就是边看的同时，总有几个机灵鬼"拍马屁"给我细细讲解。通过孩子们的介绍我才知道，原来这本漫画是系列漫画集，这一集讲的是乌龙院师兄弟一起闯荡江湖、遇险破阵的故事。听着听着，我灵机一动，有了！然后迅速站起了身。

"孩子们，谢谢你们！杨老师有事先撤了。"我边说边飞也似的跑回办公室。

一群孩子不明就里，一脸蒙圈地看着我跑回去的身影。

而事情的源起是这样的……

那段时间，我们学校有两位教师要参加比赛，一个是参加区的课堂教学大赛，一个是参加省的说课比赛。我那时作为学校数学科长，帮助年轻教师备课是我责无旁贷的工作职责。而师傅作为我们数学科组的掌舵人，自然也会亲自参与。整个备课实际上主要也就是靠我们两个人。但当时有个很现实的问题是两位教师参赛的时间相隔不远。说实话，我和师傅都带着班，不可能有精力为两位教师都单独设计新课，所以我和师傅一商量，决定"一锅烩"，精心设计打磨一节课，由一人上课，由一人说课，正好也可作为一个专题，带领全校数学教师把这一课研究透彻。

思路确定后接下来就是甄选参赛课题了，这看似简单的环节，其实一点儿也不简单。因为现在出去参赛，你选择好上的内容吧，这些内容早就不知道被多少名家大师给上过了，可以说什么新鲜的招数都早用过了。你再来设计，很难有新意和突破。想着挑战更大难度的课题吧，一是要考虑比赛课的可欣赏性；二是得考虑参赛选手的综合能力能否驾驭这个难度的课，毕竟比赛课不比常态课，只要教会就行。比赛课除了教会之外，还得教得轻松，教得愉悦，教得高效，教得有新意，这样才有可能拿到大奖。所以我和师傅经过一番琢磨后，选择了北师大五年级上册"尝试与猜测"中的"点阵中的规律"一课。选择它的理由，一是该课内容比较新颖，当时在公开课场合上过此课的人还比较少，将其作为参赛课，评委评分时，可以减弱和评委脑中原有的对此课固有印象的对比，获胜概率自然会提高；二是此课确实也有一定的难度，由于是几何课、推理课，所以可观性也还强。

但课题选定后，我和师傅已经整整头疼一个星期了，还是没能想出什么"好点子"来设计此课，想不到今天乌龙院师兄弟却给了我灵机一动的启发。将课设计成乌龙院师兄弟上少林闯阵，将教材中各种形状的点阵分别设计成阵法，要闯阵成功，必须先破除阵法，要破阵法必须先弄清阵法中隐藏的秘密（规律），这样不就将"找规律"与"破阵法"结合起来了吗？

我和师傅说了自己的想法后，师傅也大赞"妙！"随后再具体将教材中原本密密麻麻、看得人头晕眼花的长方形点阵（正方形点阵）、三角形点阵、回形点阵分别设计成了探秘武僧阵、解读荷塘图、智走梅花桩三关。这样一来，原本平淡枯燥的长方形点阵被设计成了动态有趣的武僧阵，三角形点阵变成了美丽神奇的荷叶阵，而难度最大的回形点阵则变成了高耸入云的梅花桩。这样的设计，寓教于乐，使原本单调静止的一个个点阵图变得生活化、童趣化、动态化，使整个课也有了一种"新颖别致、眼前一亮"的观感。（以下是我们说课时的课件截图。）

说课的课件截图

之后，凭借此课，两位教师都拿了各自比赛的一等奖。回想整个课的产生，竟源于一本漫画！所以说，老师们，多走进孩子的世界吧，走进孩子的世界，有童年、有欢乐、有陪伴、有成长、有惊喜，还有无限的可能，从孩子的视角来看教学，会给予我们太多太多的启发。

第五十三例

一曲恰恰，难忘终生！

——给孩子最好的毕业礼物

这是一个关于我自己息舞多年，为守诺言，重出江湖的故事。我曾经在某个地区待过很多年，那个时代当地孩子们的学习压力是非常大的。举个简单的例子吧，每年六年级升初中的考试，孩子们几乎得保证数学和英语考满分，语文考90分以上，才能确保考上当地所谓的"四大名校"，压力之大，可想而知。

又到一年考试季，那一年我一如既往带毕业班。考试的前一天，我们语、数、英三科教师轮番上阵，对考试注意事项叮嘱再叮嘱，对孩子们鼓励再鼓励，都希望他们能好好发挥，为自己六年的小学生涯，更为自己的学业前程画上一个圆满的句号。

"杨老师，如果这一次考试我们能考年级第一，你能答应我们一个小小的要求吗？"正当我晓之以理、动之以情地给孩子们打气加油时，科代表晨迪同学站起来问道。

"是的是的，杨老师，如果我们考好了，你能答应我们的要求吗？"其他孩子异口同声地附和道。

"阴谋！这绝对是阴谋！"我心里暗道。因为看着孩子们欲语还休的表情，我知道他们一定事先商量好了什么，只是我这个当事人不知道而已。

果然，晨迪开口了：

"杨老师，我们听说您舞跳得不错，如果我们考好了，你能不能在毕业晚会时给我们跳一支舞？"小家伙一双会说话的眼睛机灵地转动着。

原来是这个"馊主意"啊，要知道，自前面文中提到的2003年那一战成名的一舞之后，我就再也没跳过舞了。舞蹈于我，早已经只是江湖传说罢了。但往往传说都极具诱惑的魅力，所以孩子们估计就是因为这个，才想出这么一招的。

我一边想着，虽有担心，却也果断承诺：

"行！只要你们能考出全年级第一，我一定满足你们这个愿望！"

全班欢呼："耶！杨老师，你这一次跳定了！"

孩子们一个个得意地欢呼着，雀跃着。

三天后，成绩出来了，小家伙儿们果然争气，当真拿了全年级第一！这下可愁坏我了，这舞可咋跳啊？老实说，息舞多年没练功，这胳膊腿儿早就僵硬了，微微鼓起的小肚腩虽还不是很明显，但也明显朝着中年大叔的方向发展了。我可再来不了当年的前空翻、后腾跃了，但答应了孩子们，咱也不能说话不算话啊。

好在当初学民族舞时，也学了些国际舞，从"蒙混过关"的角度说，这个要容易得多。

就跳一段恰恰吧。

"恰！恰！恰恰恰……"班级毕业晚会上，在极富动感的音乐声中，我兑现诺言，给孩子们跳了一曲，为孩子们六年的小学生涯画上了最圆满的句号。我知道，这是我和他们之间最后一次我在台上，他们在台下的相聚。经年后，也许我们还能再相聚，但那时一定是平坐于台的促膝而谈。

一曲恰恰，也成了我和孩子们一生中最难忘的告别礼物。

时隔多年，现在想起，依旧会会心一笑。孩子们，现在的你们，是否也在属于自己的人生舞台上舞动属于自己的韵律和节奏？

我想，是的。

第五十四例

十三年后的重逢

——与"女粉丝"迟来的相逢与感动

我一向认同，成长的过程就是不断消弭你的人生更多可能性的过程，并且随着消弭范围的逐渐增大，我们曾经的自负和自信好像在经年后也都不再那么有底气了，直到某一天才忽然发现，好像除了做教师，自己真不知道也真不会做点别的什么了。

当然，我从未后悔过，因为这段从教之路伴随着我一路的成长，有悲伤、有喜悦、有收获，最最关键的是还有太多太多的感动。今天要给大家讲的，就是因为做教师，而让我感动至极的一件往事。

时间回到2001年，那时，我刚参加完全国大赛载誉归来，所以教育局有下基层献课这样的大活动，自然就派我出场。还记得当时师傅带着我们一个团队的老师，把当地十个乡镇都跑遍了。每一次到了基层，我们精心设计的课例自然是让老师们称赞不已。所以每到一处，必然会收获很多的教学崇拜者，用今天的话说，就是"粉丝"。这本就是一件很正常的事儿，也没什么可说的，毕竟谁心中没几个崇拜的偶像啊，所以当时自己也并没把这些放在心上。"偶像"嘛，有几个会去记住每一个粉丝的。完全没有自大、吹嘘的想法，只是实话实说而已。

时间拉回到2013年，彼时的我已经离开家乡13年。在广东打拼的这十几载岁月，也让我无论是从专业还是心境上都发生了太多的蜕变。我从当初的青涩已逐渐走向成熟，特别是专业上也算是小有成就，评上了全国最年轻的数学特级教师，也经常应邀前往全国各地讲学。那一天，我收到了来自家乡的讲学邀请，而且就是去我当初的母校给老师们上课。我的心情久久不能平静……一直期待着能回家乡上一次课，哪怕不计报酬也愿意，我想这是所有漂泊异乡的游子都会有的一份赤子情怀吧。

那天，再次来到家乡，来到清镇，来到红枫一小，来到我工作的第一所学校，故友重逢的喜悦，老同事的寒暄自不必说，半天的活动安排，我也是满满地尽了力，给老师们上了示范课，又做专题讲座。一切虽紧张，倒也按部就班地进行，谁曾想讲座到了最后的互动环节，竟出现了让我毕生难忘的一幕……

"老师们，杨老师今天回到家乡给大家讲学，机会难得，哪位老师还有什么教学上的疑问，或是有什么想表达的请抓紧机会……"主持人话音刚落，只见一位女老师自告奋勇冲上台来，双手激动地接过话筒。

"我是三小的陈红菊老师，我太激动了，想不到今天能有机会再次见到我的偶像……"接着就是一阵抽泣。

我和现场的所有老师都愣住了，谁也没想到眼前这位老师竟如此激动。

"13年了，您这大山的儿子在他乡还好吗？知道您今天要来，我特意找出了13年前听您课的听课记录本（展示给老师们，底下一片惊叹声），翻开本子，每一行、每一字都历历在目。我知道大山是关不住您这只金凤凰的，家乡的父老乡亲都期盼着您越飞越高！"

此时，这位陈老师已经声泪俱下，而现场的老师们都被她如此真挚的情怀所感动。当然，这其中最感动的那个还是我。

"当年您离开了家乡，去往特区，杨老师，您走好……"陈老师哽咽着，声音都在颤抖。而台下本已被这情绪感染、感动得稀里哗啦的老师们，却忽地破涕为笑，流着泪发出了尴尬的笑声，连我自己也不能自已。因为在家乡话里，"您走好"这三个字还有另一个意思，那就是送别已故去的亲人。此时此景，陈老师朗诵式的娓娓倾诉，加上她情感的丰富，俨然把这久别重逢的欢喜交流演绎成了十里长街送亲人的感觉。

我噙着泪花看着她，她流着泪看着我，台下的老师闪着泪光看着我们，而所有人脸上都是破涕为笑后的畅然。这彼此相逢的一笑，没有了刚才情绪不能自控的尴尬，也没有了朋友远行久别的伤感，有的全是亲情，有早已深植心底的家乡情、同事请、朋友情，当然，还有教育人的赤子之情。

后来，我们彼此留下了联系方式，陈老师通过QQ把当年的听课记录拍照传给了我，并给我留了好长一段文字。

无疑，这是我从教生涯中收到的最珍贵的礼物。这是一种肯定，是老师们对我专业的肯定；这更是一种见证，见证着我一路走来的成长历程，我将一辈子珍惜。

下面是陈老师珍藏的2000年听我课时的听课记录（部分），以及2013年再次听我课后发来的QQ留言。发黄的笔记和感人的文字，兴许于陈老师而言，记载的只是她对我这个教学偶像的崇拜，而于我而言，则是沉甸甸的成长记忆……

（下面是聊天记录，由于是聊天，较为随意，其中偶有文字错漏之处难免，均已后附括号加以更正。）

雨点 2013-05-02 19：38：54

写给杨松老师：

杨老师，每写一个字，我都是流着眼泪给你写；我还想给你说很多啊！尽量用心来和你说话。你我平（萍）水相逢，为啥我会掉泪？存封了十三年的笔记本，那历史性的一幕，幸福的笑容还在耳际荡游，又有了更新的激动：最精彩、最经典的还在笔记本的中央。那天我在兴奋、匆忙之余，居然忘记了翻开给你看——真正的宝藏在中间！【中间这一页的标题是：雄鹰展翅——记红枫一小教师杨松（金玉龙、陈建华）】读完这篇文章以后我在右侧面的旁批是：杨松老师我也希望你在那片更广阔的处理（处女）地里开垦出一片绿洲。（2001年9月7日）下还附一首诗。

随　笔

大山的儿子

你展翅飞翔吧！

有多少父老乡亲

有多少教育界的同行

又有多少中国学子

期盼你艰难的步履越飞越高……

大山深处的儿子们

不信

飞不出未来的……（当时大概是我私下的笔记，难免也有我难言的梦想，没想到时隔十一年以后在我最平凡不过的工作岗位上，我也想写书啦！）

杨松老师：

时隔十三年，我想不到人生的机缘会用这样的方式让你来认识我——陈红菊，一个大你五六岁的大姐姐。（她的这一生没有哥、没有姐、没有妹、没有弟。父母送她只身一人来到这多彩的世界。）她的秉性是坚强的，她的内心经历过多少辛酸与责任！她毅然决定：要写书！然而她在中途感觉到知识匮乏、时间不够用、能力不够的时候碰见杨老师！捧着你赠送的书，整个"五一"都在读，当读到第九页时，我又落泪啦！你写季文老师，我也在写季文老师啊！我是安顺（师）92 届季文老师的学生，我的写作季老师知道的。我给他说"十年磨一剑"，还要酝酿。哪（那）天我给他发了一个信息，他的回信是：祝贺他！（杨松）祝福你！（我）提到恩师，不知最近你去看他否？因为我的作品，今年的七月我看过季文老师。唯一牵挂的还是季老师的身体。他特瘦，当然是一种健康的瘦，看见他，心中有一种莫名的痛！作为他的学生，他的教育思想一直影响着我们，可他，一直没好好地关心自己！所以看见你写季老师，我也在写，写同一个恩重如山的老师，我无言了，只有默默地流泪！欣慰的是，在你的"驴与马"的故事中，我有点像马。尽管我仅余十（十余）年的教学深涯，弹指一挥间，无所成就，但我相信，退休后还有十年！一路上能遇见大师，是不是上天的恩赐？杨老师我称你一声弟弟，同时拜你为师，你能接纳吗？恳请将我作为家乡教师的一个帮扶对象帮扶一把！是否生命中冥冥的一种定数，一种安排——十三年在岸的那一头，等待你，为你喝彩，为你加油的一个忠实的听众！从我当年的不叫诗的诗里看出，也许仅仅是人生的真正开始！以后的人生路还长！从诗里，相信杨老师能找到人生的又一个制高点！希望得到大师的帮助！也希望有一天，我能回赠杨老师！十三年的笔记本，因为珍贵，所以珍惜，因为珍惜，所以珍藏！还有这本厚厚的书！谢谢杨老师！

和陈红菊老师的聊天记录（整理）

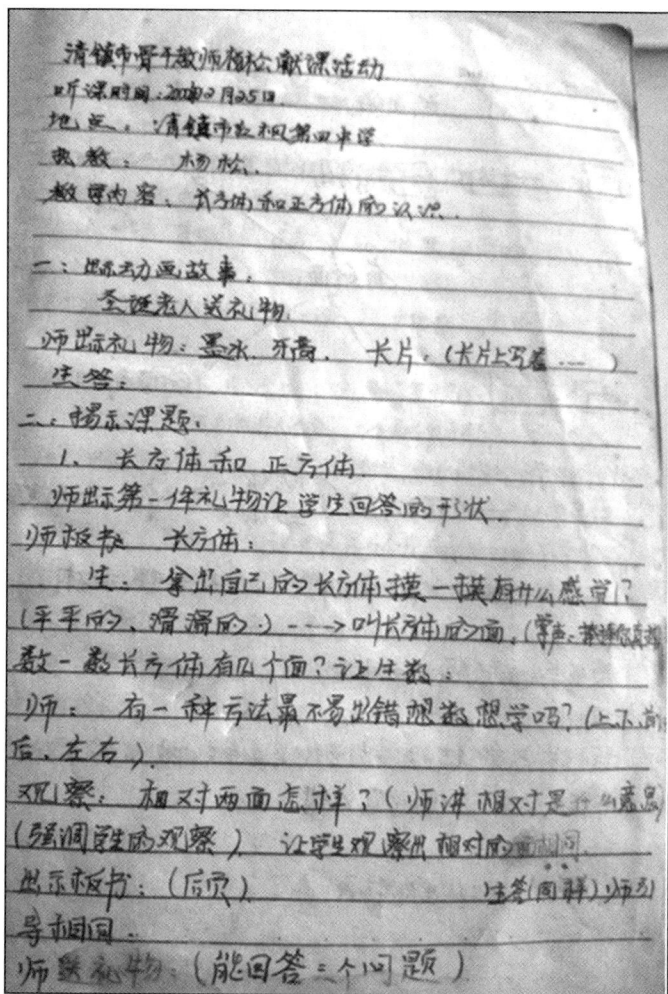

陈红菊老师珍藏的听课记录（部分）

第五十五例

孩子，你好好睡！

——师者拥有细心和爱心，就是在行善，在积德

曾看到有智者撰文说现在的教师要做"三心"教师，即对孩子的爱心、育孩子的耐心、带孩子的细心，为师者拥有了这"三心"，应该就能谓为优秀了。想想，颇有道理，我曾经历过的一件事，就实实在在地佐证了我们为师者，拥有细心和爱心，真的就是在行善，在积德。

那段时间，搭班的语文、英语老师总给我投诉班上的小莲（化名）最近一段时间上课总是没精打采的，偶尔还有打瞌睡的情况，找孩子谈话批评了没用，打电话给家长也打不通。两位女老师一肚子的牢骚全发到了我这个唯一的"男子汉"身上。

其实这个情况我这几天也注意到了。

当天，我的数学课，小莲又瞌睡了。

"小莲！"我一声呵斥，孩子猛地一抬头，惊恐地看着我，明显被我刚才的呵斥吓住了。

"怎么搞的？又瞌睡了！昨晚没睡好吗？"我责问道。

"杨老师，她上体育课都睡觉！"小莲没说话，但班上马上有孩子"拍马屁"插嘴。

"怎么？上体育课在室外也能睡？"我心里嘀咕着，再看看孩子蜡黄蜡黄的小脸，才几天时间，整个已经瘦了一圈，忽然间觉得这事儿没那么简单，于是宽慰孩子道：

"如果真觉得困，就趴桌子上再眯一会儿，但不能睡太久，小心感冒了。"

"老师，不困了！"孩子用怀疑的眼光看着我，似乎在想，哪有老师允许

学生在课堂上睡觉的。

"那好吧，不困了咱就先好好听课，好吗？"我轻声鼓励。

"嗯！"她点了点头。

课继续……

下课后，我把小莲叫到了办公室，先安抚了孩子，表示老师不是要责备她，只是想知道究竟是怎么回事。

一番开导后，小莲还是支支吾吾，但孩子越是这样，我就越觉得有问题，因为这完全就不是原来那个开朗乖巧的小莲该有的表现。

没办法，又是一番安抚叮嘱。送走小莲后，我随即尝试着拨通孩子父母的电话，可居然双双关机！

"这是什么情况？"我心里诧异，不安的感觉更加强烈。

随后，我开始在家长群里寻求帮助，看哪位家长能帮忙联系到孩子的家长。感谢腾讯，感谢张小龙，万能的群很快来了信息。一名家长私信我，说微信里说不清楚，电话给我说，显得颇为神秘。

"嘀嗒嘀嗒嘀嗒嘀嗒，时针它不停在转动……"时下最流行的手机铃声《嘀嗒》响起，我划过屏幕的接听键，从这位热心家长的口中知道了事情可能的缘由。

原来小莲的父母最近在闹离婚，听说小莲妈已经回了湖南老家，而爸爸是货车司机，出车拉货经常要大半夜才能回家，家里就只剩下小莲一个人，孩子经常放学后连饭都没得吃，还得自己做。作为邻居，有好几次看不下去了，都是她把孩子叫来家里吃饭的……

听到这里，我已经全然明白了，才三年级的孩子，能做些什么？！即使我们成人看起来再简单不过的鸡蛋炒饭，对于八九岁的她来说都是多大的挑战啊！可以想象，每天放学回家，那个本应该扎着羊角辫、蹦蹦跳跳地跑到妈妈怀里撒娇喊饿的小女孩，如今还得自己学着将硬硬的大米做成软软的大米饭。从米到饭的过程于她而言将是一个多么神奇、艰难的过程。完了再一个人完成作业，一个人洗漱睡觉！这几日正是雷雨天气，风雨交加的天气，每到夜里，兴许陪伴她的只有恐惧、只有玩具小熊……

"这是什么样的父母！不能尽责任养就别生！"我心里的莫名火一下子蹿了起来。

我一向看不惯不管孩子的家长！现在社会，离婚率越来越高，如果夫妻双方确实走不下去了，分手，各自寻求自己的幸福这无可厚非。但请注意，家长们，为了孩子，请经营好你的爱情！为了孩子，请维护好你的家庭！孩子是无辜的，我们无论怎样，绝不能影响孩子！爸爸因为生计不得以外出工作尚可以理解，但妈妈在没有安顿好孩子的前提下，赌气撒手不管孩子，这绝不能原谅！别忘了，那可是你身上掉下的肉啊！

知道了情况后，我辗转找到了孩子的姑姑。孩子姑姑是个通情达理的人，听我说了事情的原委后，也是一腔怒气，既责怪自己弟弟处事不周，也责骂弟媳不负责任。当然，更多的是和我一样对小莲的怜惜。

当晚，姑姑接走了小莲。

第二天上学，孩子明显干净了许多，头发梳整齐了，衣服也是刚换上的，但精神还是不太好。可想而知，父母闹离婚，给孩子幼小的心灵造成了多大的伤害。

我把事情的原委告诉了搭班的老师。

那天，孩子语文、英语课都没瞌睡，但到了下午数学课时，还是没忍住瞌睡了。

"老师，她又睡着了！"小轩报告道。

"嘘！"我做了一个噤声的手势，轻声告诉全班：

"小莲家里最近出了一点令人难过的事，小莲不愿意告诉我们，作为同学，我们要尊重她，不该打听的咱们不要打听，咱们应该多关心她，给她时间，相信她很快就能走出来，好吗？"

"好的。"孩子们轻声回答。

课继续，只是一切都以温柔的方式进行着。

大雨过后的校园格外明亮，微风吹来，给盛夏平添了一抹爽意。看着趴在桌子上的小莲，我只能心疼地呢喃：

"孩子，你好好睡，希望一觉醒来，一切都美好。"

美女教师家访历险记

——莽撞、随意，做班主任的大忌

作为一名老师，特别是班主任老师，家访是其开展教育工作必不可缺的基本技能之一。家访作为传统的家校沟通方式，可以面对面地拉近教师、家长、学生三者的心理距离，从而做到"一把钥匙开一把锁"，有针对性地解决问题。

当然，家访也得遵循一定的原则。首先，我们得通过多渠道了解学生的基本情况，包括其在校学习表现、家庭情况、成长背景等。其次，我们得和家长取得有效的沟通和必要的约定，提前告知家长家访的目的，去家里是否有什么特别注意的事项（如家里是否养狗）等，并和家长约好彼此都合适的家访时间。最后，就是要有一定的安全意识，做好自我防范措施，如女老师晚上单独去单亲爸爸家庭家访就不太合适。还有就是学生的住址如果在比较偏僻的地方，也不适合太晚单独前往。以上是家访最起码要注意的三点要素，如果连这基本的三点都没做到，就贸然去家访的话，早晚会出大问题。

这些年我待过的学校多了，见过的人、经历的事儿也多了去了，很多都已化作碎片消失在记忆的长河里，但每每提到家访，总还是会想起新疆美女同事的那次历险，也常常用这事儿告诫年轻的美女老师们时刻注意家访的严肃性，切不可因为一时的莽撞和随意，而将自己置于危险的境地。

这事儿已经过去了很多年。

记得那天下午四点来钟，一天的工作终于结束了。办公室的同事们有的抓紧时间想在下班前批改完今天的作业，有的完成了一天的工作已经开始收拾东西准备下班。

"各位，今天不用等我下班哈，我去家访了。"小丽一边和大家打着招呼，一边兴冲冲地走出了办公室。

"好的，去吧，那我们不等你了啊。"几个年轻伙伴回应道。

那时候，我们一群年轻老师都是二十刚出头，学校没有晚餐，所以我们经常约好一起下班，然后一起去外面的小饭馆搭伙解决晚餐。这样既经济，也实惠。今天小丽要去家访，所以和我们打了个招呼。

说起小丽，她可是正宗的新疆美女，是我们校长特意从新疆"挖"过来的，年轻、漂亮、阳光、充满活力。从她来到学校的那天起，她就成了学校一道亮丽的风景线，特别是我们体育科组的那帮男老师，每天只要小丽从体育办公室门口一走过，立马投射过来无数道"绿光"。不过这也难怪，就小丽那高挑的身材、立体精致的五官，还有那颇带异域风情的一头长卷发，就是放今天也和什么佟丽娅、古力娜扎之类的明星有的一比，关键那个年代的美女，都是纯天然的。

"喂！各位！听说小丽出事了！咱们赶快过去看看！"小丽出门约不到半小时，我们还没收拾完东西下班，隔壁办公室的小陈就紧张地跑来报信。毕竟是天天在一起的同事，大家都匆忙放下手中的事儿，急匆匆跟着小陈跑向了德育处。

到了德育处一看，只见小丽花容失色，整个人哭得已是梨花带雨、惨不忍睹。一打听才知道，原来是刚才去家访出了问题。

小丽去家访的这个孩子的家庭背景非常特殊，父亲是做生意的，属于最早下海经商的弄潮儿吧，有些钱。不得不说，改革开放确实让一部分人先富了起来，不过也滋生了一些不好的东西。孩子父母很早就离婚了，孩子从小是被无数个"妈妈"带大的。什么意思？就是孩子爸爸隔三岔五就会到外面去找一个被大家俗称为"街边女"的人，领回来当作孩子的临时妈妈。

就这样的家庭背景，我们的小丽要去家访，居然也没事先了解一下，更没和孩子的父亲取得沟通和约定，甚至没等孩子放学一起，自己一个人就贸然去家访了。结果她一敲门，头天晚上喝得酩酊大醉，宿醉还没完全清醒过来的孩子爸爸一开门，看到小丽这么一大美女站在门口，简直就是天上掉下的尤物，想当然就以为小丽可能是他曾经叫过的街边女几号，所以还没等小丽自报家门，一把就将小丽拉进屋里，就想对她那个了。当然，小丽吓得连忙大叫："我是你孩子的班主任，我是来家访的。"她这么一自报家门，孩子爸爸也清醒过来，随即道歉放了她，逃出的小丽这不就哭着回来了。

德育主任和一群同事正安慰着她，一旁的我一边加入安慰大军，一边却恨铁不成钢："活该！哭什么哭！冒冒失失，还能'完整'地跑回来已经不错了！"

这个故事我曾经在广西的一个乡村教师置换培训讲座上给老师们讲过，当时有老师告诉我：

"杨老师，我们广西人民很淳朴的，我们又在农村，家长不会那样的。"

"那你有没有考虑过他家有没有养狗，如果你没有提前了解和沟通，贸然过去被家里的大黄狗咬了该怎么办？"我反问。

"哈哈哈哈，是哦！"老师们一阵大笑。

由上可见，老师们，家访确实是实现"家校共育"的重要桥梁与纽带，更是密切教师与学生、教师与家长联系的有效途径。它可以帮助教师全面了解学生的家庭教育及其在家庭生活的表现，同时可以把学生在校的情况反馈给家长，意义重大。但我们必须重视之，并通过专题培训、经验交流等方式让教师们，特别是年轻的女教师们掌握一定的家访技能，避免再出现小丽这样的"历险记"。

值得一提的是，近年来，随着电话、电脑、互联网的广泛使用，老师们也懒得走动，到家家访的次数也渐渐少了，总觉得有什么事儿打个电话说说，或者QQ、微信留个言就行了，没必要亲自跑去家里。其实这正滋生了一个新的教育问题，那就是家校沟通的模式化、机械化、冷漠化。要知道，面对面沟通的人性化、有温度、灵活性是电话、网络永远不能替代的。

第五十七例

"流不走"的流动红旗

——选"小领队"的讲究

流动红旗，作为一种班级管理手段，它的意义在于通过激发学生的竞争意识，形成班级间你追我赶、奋勇争先的良好氛围，从而让学生养成良好的学习习惯和积极向上、好学创新的精神，继而培养集体荣誉感，树立良好的班风。

一般流动红旗评选的项目很多，都是通过每月积分的多少而定流向，这其中班级成员的日常行为习惯积分尤为重要。换言之，如果一个班的学生每个月让值日老师、值日生多逮住几次违规、多扣几次分，那这红旗铁定就流不到你的班了。

说到班级常规管理，每天的晨会排队、早操排队、去综合课教室的排队等候，都是重要的环节，很考验一个班主任班级管理的水平。而很多老师在带队时，都喜欢走在队伍的前面，这其实没多大用处，毕竟咱们做老师的后脑勺都没长眼睛，所以即使队伍在后面乱成一团前面的老师也不知道，也导致班级扣分较多。

我带队，从来都是走在队伍的后面，队伍出什么状况，我第一时间就看在眼里，立即处理，绝不给值日老师和值日生扣分的机会。此外，选一个在前面带队的小领队也很重要。而这么多年，我任命的无数小领队中，琪琪是我印象比较深刻的一个。

那一年七月刚送走了一届毕业班，九月我又接手了新一届六年级的一个班级的教学任务。这种临时从别人手里接手的班级比起自己从中、低年级一直带上来的班，要难带很多，因为已经到了六年级，教学任务又重，也没有多少时间磨合。开学第一天，我就皱起了眉头。由于刚开学，班干部都是延续原来的，结果我一路带队去早操、去午餐，发现带队的小班长看到值日生不理睬也就罢了，居然见到老师也从不会主动问好（特别是值日老师）。受他的影响，后面跟着的学生一个个也是"闷声发大财"，一句话不说。整个队伍走在教学楼的走廊上，总有一种莫名的违和感。最可怕的是见到校长、见到德育主任居然有意绕着走。看到这情景，我顿时明白为什么总听说这个班五年级时从没拿过流动红旗了。这怎么行？这可不是拿不拿红旗的事，而是一个班的孩子从小都是这样的处事态度和情商，将来怎么走向社会？

改变！必须改变！

两天后的班级改选会议，一个小女生的竞选演讲引起了我的注意：

"我觉得咱们班总拿不到流动红旗，最主要的原因就是加分太少，我们虽然扣分不多，但从来没有加过分，如果我当选，将带领同学们拿到流动红旗！"只见一个小姑娘正在台上侃侃而谈。

"好家伙，这么小就把问题看得这么透彻，是块做班干部的好料子。"我心底暗暗惊喜。

最后在我的有意提名下，琪琪顺利当上了值日班长（就是排队时带队的小领队）。这小姑娘长得很可爱，一双大眼睛仿佛会说话，两个羊角辫时刻晃悠着，加上整天笑眯眯的，一笑两个小酒窝，小嘴儿也甜，这正是我要的小领队！

走马上任的第二天，整个队伍焕发出不一样的精神面貌。

"老师好！"

"校长好！"

"梁主任（德育主任）好！"

"值日生好！"

每次队伍一见到老师，琪琪在前面总是笑眯眯地带头问好，特别是对值日老师和德育主任，那问好声那叫一个脆啊，能甜到人心窝窝里去。关键这小家伙连值日生也没"放"过，一声"值日生好！"叫得几个值日生晕头转向，估计还从来没有同学向他们问过好，几个值日生那受用的表情，难以言表。

"这是何等高的情商啊！"我心里暗自窃喜。

而看着德育主任诧异的、激动的表情，我知道这流动红旗拿定了！因为我发现队伍后面的学生看着琪琪逢人就打招呼、问好，也跟着有样学样礼貌起来，尽管明显还有些别扭。

果不其然，第一个月，流动红旗终于流到了我们班。而这之后六年级整整一年，竟只有那么一两次流出去过，让同年级的老师们都大惑不解。他们又怎会知道，这取胜的秘诀原来竟这么简单，就是一个琪琪就搞定了。

课标强调教育的三维目标除知识与技能（knowledges & skills），过程与方法（processes & steps）外，就是情感态度与价值观（emotional attitudes & values）了。而这第三点，往往是老师们最容易忽视的。其实教育是一个有机的综合过程，缺少哪一维度都不行，更何况情商与智商孰高孰低的博弈早有定论，它们既相互区别、相互独立，又相互促进、共同发展。情商也是一种特殊的、相对独立的智商，是一种对自身利益、集体利益和社会利益的认识能力。

所以，老师们，在实施"智育"的同时，请别忘了实施"情育"，这样你也会见证"流不动"的流动红旗的奇迹。

我们的老师真性感！

——老师的仪表美

爱美之心，人皆有之，我从来都主张咱新时代的教师要把自己打扮得帅帅气气、漂漂亮亮的。都21世纪了，试想，如果我们整天还穿得像出土文物、兵马俑似的，学生怎么可能会喜欢我们？不喜欢我们，又怎么会喜欢我们所教的学科？这样一来，我们的教育教学又该如何顺利、高效地开展？因此，从某种意义上说，把自己打扮得端庄得体，也是职业要求之一。

当然，爱美无过，但我们首先得学会鉴赏美，知道什么是最适合自己的，明白适合的才是最美的，否则就会像下面的H老师一样，贻笑大方了。

H老师是我们学校的大队辅导员，小姑娘人长得漂亮，有青春活力，且多才多艺，所以当初刚毕业来到学校没多久，自然而然就被校长委任为大队辅导员了。凭着年轻人的创新和闯劲儿，学校少先队的工作也被她做得有声有色，老师们都称赞不已。不过大家每每称赞她能力的同时，也会连带着品评她的穿着打扮。什么透的、露的、紧身的、镂空的、蕾丝的，还真没有她不敢穿的，虽然大家也有委婉的、善意的提醒，但年轻人个性强，依旧我行我素，用人家自己的话说，这叫"代沟"，叫"不懂欣赏"。当然，作为同龄的我，也没欣赏出个所以然来，也许，我"未老先衰"了？偶尔，连我也不禁怀疑起自己来。

直到那一年期末考试，我终于在心里坚定了自己的想法，那就是这样的美，确实不美。

那一次的期末考试，三年级语文作文题目是"我的老师"。改卷的时候，各学科老师都集中在同一个大办公室。忽然，改卷的一位老教师忍不住哈哈大笑起来：

"我们的H老师很性感……哎哟，笑死我了，哈哈哈哈，你们快来看，哎哟，笑死我了……"老师已经笑得前俯后仰、上气不接下气，严肃的改卷氛围也顷刻间被打破。大家都围了上去，结果一翻阅后面的试卷，发现这个班还有好几个孩子都写了H老师很性感，甚至有一个孩子还写道：

"我爸爸说，H老师很性感，妈妈说H老师很花shào（孩子不会写'哨'字用拼音代替），我觉得H老师很漂亮……"绝配啊，老师这样，家长也如斯！这样的话居然当着孩子的面说！这才三年级的孩子，这性教育未免也太早些了吧！

老师们见状，又是一阵狂喷，一个个笑得前仰后合。虽然期末试卷都是密封的，都是交换监考、交换改卷的，但此时这叠试卷是哪个班的，大家都已经心知肚明。

接下来，那一上午的改卷，就围绕着"性感"这个话题，热闹、愉快地进行着，倒也给原本枯燥的改卷时光平添了很多乐趣。但这样的乐趣，并不是我们想见的，我相信，也更不会是H老师想要的。唯一可喜的就是，从那次改卷风波后，H老师的着装明显偏"老"了、"大众"了很多。

教师的仪表应体现职业美，因为孩子天天看着我们，崇拜模仿我们，这就使得我们的一言一行乃至着装都自然成为一种教育，我们有责任给予孩子真正美的熏陶。

2008年9月，教育部颁布的《中小学教师职业道德规范》也对教师着装做出了明确的要求：衣着得体，举止文明。由此可见，为人师表的我们，有必要根据自己的个人特点及职业特点，以及不同的场合、不同的教育对象等因素，好好修饰自己，严格做到"六忌"（忌脏、忌露、忌透、忌短、忌紧、忌异），让端庄大气、整洁美观、亲和大方的着装为我们的个人形象加分，为我们的教育教学助力，千万不要再重蹈H老师的覆辙，还孩子一个最美的老师形象吧！

记住：合适的，才是最美的。永远都是。

第五十九例

美女妈妈"对付"野蛮爸爸

——班主任老师处理危机的智慧与艺术

班主任工作千头万绪，我们每每面对一个孩子时，看似面对的只是这一个个体，实则面对的还有其背后的整个家庭。这也使得班主任的工作极具复杂性和挑战性，稍有不慎，分分钟就会上演旧矛盾没解决，新矛盾又顿起的桥段，给我们的班级管理工作带来不必要的麻烦。

自从做了行政工作后，很久没做班主任了，少了每天杂七杂八的班级事务缠身，确实轻松了不少。当然，这并不意味着我们可以和班主任工作完全脱钩，只要我们没有脱离教学岗位，班级管理，人人有责。

记得那天，和我搭班的班主任老师外出学习，临走时把"临时班主任"的光荣任务交给了我。同事之间，"换手抓背"的事儿常有，再说了，咱也不是没做过班主任，这都是信手拈来、轻车熟路的事儿，所以我也欣然接受了。再说了，这一年我们接手的这个班可是学校出了名的最"活泼"的班级，交给刚参加工作的英语老师，我可不放心，还得我这"老家伙"亲自压阵才行。

第一天，风平浪静。但人有时候运气还真就这么衰，眼看就要放学了，正当我暗自欣慰的时候，乐极生悲，出事了！

"杨老师，张浩然和李国威（化名）打起来了！"几个孩子冲过来报告。

在教室外走廊上一边批改今天剩下的几本作业，一边等候孩子们值日的我一脸愕然：我这刚安排好值日走出教室几分钟，就给我惹事了，可真是不省心！

我冲进教室一看，两人一人手持扫帚，一人紧握拖把，正恶狠狠地对峙着，俨然两个斯巴达勇士！关键是其中一人还挂了彩，额头上已经有了一道隐隐的血印。

这怎么得了！

"你们俩这是在干吗？！把手中的东西都给我放下！"我力喝一声，先稳住了场面。

两人见我真动气了，都心不甘情不愿地放下了手中的"武器"。

"给我过来！"我厉声命令。

两位"勇士"乖乖地走到了我面前。毕竟，咱这平时积累的"师威"还是在线的。

两人走到我面前后，我第一时间把两人带到了校医室检查伤势，经过校医一番仔细的检查询问后，还好，都没什么事儿，一人额头上的隐隐血印也只是擦破了一点点皮渗出来的。校医做了相应的处理后，我把两人带到了办公室。

"怎么回事儿？我这才转过身，怎么就打起来了？"我斥问道。

"老师，我没惹他，他先打我……"

"没有，是他先打我的……"

接下来就是两人公说公有理，婆说婆有理的一大堆理由，绕来绕去，我终于听明白了，也就是因为一人扫地时不小心一用力把一点垃圾扫到了另一人的鞋上，就这么一点小事，两人就大动干戈，现在的孩子也是够躁的。可眼下最着急的不是问责谁对谁错，而是如何通知家长过来协助处理后续事宜。毕竟有孩子受了伤，作为班主任，哪怕是临时的，我们也有责任第一时间把事情处理好。但这可真难倒我了，因为这俩孩子可都是有"背景"的，一人是我们市公安局局长的儿子，而这位局长在当地可是出名的火暴性子，是部队转业下来的，上任没两年，就让歹徒闻风丧胆，从科长一路升到局长。另一人是我们市财政局局长的儿子，这位女局长先不说，且说她的老公可也不是什么书生类型，是当地房地产大佬，据说也是个说一不二的硬性子。上一任的班主任早给我们打过招呼：这俩"小冤家"从幼儿园一直打到现在，双方爸爸也都是非常护犊子的主儿，叫我们千万要"小心"。

"这可真是担心什么来什么，这下咋整？"我心里暗暗思忖。

如果我现在把这俩孩子的爸爸给叫来，那我今天也别想好过了，说不准一个照面，小的这儿刚打完，大的马上接着再打一场的可能性都有。

我以数学的搭配思维，把俩小孩儿的四位父母在脑袋里做了个简单的搭配优化，很快得出答案，以柔克刚，通知暴脾气公安局局长爸爸和美女财政局局长妈妈过来，我就不信这李爸爸对着美女张妈妈能发起火来。

说起这张浩然的妈妈，在我们当地也是小有名气的，年纪轻轻就做了财政局局长，关键是本人虽已年过三十，但由于天生丽质，保养得也好，看上去完全不输二十出头的年轻小姑娘。而且由于岁月的洗礼积淀，个人涵养也好，更多了一些年轻人无法企及的成熟魅力，使得其经常作为我们区公务员的形象代言人出现在各种媒体上。由她直面公安局局长，应该是上选之策了。

打定主意后，我先拨通了浩然妈妈的电话，简要说明了今天的情况后，也叮嘱其一定要配合，低姿态一些先道歉，毕竟浩然可没受伤，受伤的是国威。

听了我的叙述后，浩然妈妈非常支持我的工作，一再表示孩子给我们老师添麻烦了，以后一定好好管教，并表示一会儿一定主动给对方家长道歉，对方有什么要求都会尽力满足，争取配合老师处理好事情。

多通情达理的妈妈！

接着我又拨通了国威爸爸的电话，这次可没那么好运，我刚大概说了情况，电话那头的爸爸一听说自己的孩子吃亏受伤了，已经暴跳如雷，一句"我马上过来"后，"啪"的一下挂断了电话。虽在意料之中，但着实也让我愣了一下。

很快，十来分钟后，浩然妈妈先到了，只六个字形容：果然名不虚传。我正抓紧时间和她沟通一会儿要注意的事项，忽然"嘭"的一声，办公室门被踢开了。

"你们老师是怎么搞的，我们把孩子送到学校，你们就有责任保护他的安全！"国威爸爸来势汹汹、一脸怒火地走了进来。

我一个眼神儿，浩然妈妈马上起身，笑眯眯地迎了上去：

"李局，您好！好久不见了，看您还是生龙活虎啊！真不好意思，我们家浩然太不懂事了，伤到了您家国威，我这里先给您赔礼道歉了。"边说边伸出了自己如葱节般细长洁白的手。明显，大家都在同一个行政级别，经常在政府大楼开会什么的，低头不见抬头见，哪有不认识的。

"好一招进退有度，不愧为形象代言人！"我心里不禁暗自赞叹道。

"呦，和我家国威打架的是你家的孩子啊？哎呀，小孩子之间打打闹闹很正常的嘛，没事没事。"只见这位李局长一边伸手礼貌性地回应美女局长的握手，一边大手一挥，俨然一副小事儿一桩、不必在意的姿态。看来在美女局长"温柔一刀"的攻势下，咱们这公安局局长的大男子主义气概是顷刻间崩塌啊。

"哎哟！这前后变化也太大了吧！"连我在心里也不禁感叹这事态变化之快。

我看时机成熟，赶忙招呼两位家长入座，再示意办公室老师帮我把一直在办公室外等候的俩小家伙叫进来，然后先表态是自己工作的疏忽，之后再把事情的经过及校医的诊断和处理向两位家长一一道明。见到孩子确实也无大碍，两位家长难得合拍地都表现出了高风亮节，最后竟笑意盈盈，握手言和。看时间已晚，还硬拖着我，带着俩孩子一起去外面吃晚饭。

席间，双方家长全部到齐，推杯换盏，好不亲热。俩小孩儿竟也和谐地玩在了一起，毕竟是孩子嘛，哪还有真记仇的。

值得一提的是，从此以后，俩"小冤家"再没生事儿，还成了铁哥们儿。

多年的班级管理"顽疾"竟因一次打架事件而彻底平息，真可谓"不打不相识啊"！

这绝对是惊喜，意外的惊喜！

第六十例

我爬上了高高的玉米树摘玉米

——在"城市鸟笼"中长大的一代

当今世界，城市化进程日趋加剧，而在此高速城市化的时间节点诞生的下一代，很多已然成为在"城市鸟笼"中长大的新生代。他们早已习惯了在钢筋混凝土浇筑的丛林里穿梭，习惯了在找寻生计的路途上快步奔波，更习惯于在琐碎的时间里盯着手机屏幕封闭自我。不知何时，五谷杂粮、春耕夏种、秋收冬藏、日晒夜露这些常识于他们而言，已然是"非物质文化遗产"了；而书里、电视里讲的事，于他们而言，则太远。

真怀念当年坐大办公室时的岁月，那绝对是个滋养学问、增长见识的地方，老师们每天、每月、每年面对变化无数的知识题型，批改无数孩子的包含了奇思妙想的作业，畅谈天南海北的奇闻趣事，上至天文地理，下至鸡毛蒜皮，无一不是老师们的闲余谈资，有时会让人大开眼界，有时却也啼笑皆非。

"哈哈哈哈，笑死我了！"坐我旁边办公桌正在批改作文的刘老师突然笑了起来。

"又遇到什么奇葩佳作了？"我们见状都大概猜到了几分，纷纷问道。

"听着啊，我给你们读一段哈。"刘老师清了清嗓子，煞有介事地读起来：

"暑假到了，我和姐姐去乡下外婆家过暑假，正赶上玉米成熟的季节，外婆说要带我们去摘玉米，我和姐姐都高兴坏了。不一会儿，我们就来到了玉米树下。哇！玉米树上的玉米真多啊，我们爬上了高高的玉米树摘玉米，我在一个枝头摘了一根大玉米，姐姐说她那个枝头的更大……"刘老师声情并茂的演绎让下午原本沉闷的办公室瞬间热闹起来，老师们一个个笑得前仰后合。

"这算什么？我这里还有更精彩的呢。"一直憋着假装正经的王老师发话了。

"快分享一下！"大家都好奇地催促道。

"清明节到了，我们去扫墓，远远我们就看见无数的革命先烈在向我们招手……"王老师一如既往的假正经，用他不急不缓的语气读着手里孩子的作文。

"哈哈哈哈哈哈……"办公室里充斥着老师们再也停不下来的魔性笑声，有好几个老师甚至眼泪都笑出来了，正捂着肚子大喊受不了了。这就是我们的大办公室，一个不仅有知识，更充满了欢声笑语的地方。

一阵狂笑之后，办公室又恢复了往日的平静。恬静的午后，同事们依旧是你一言我一语，但这一次看似平常的闲谈背后，却比平时多了几分沉重与忧虑，刚才孩子们的作文让我们都陷入沉思。咱们提倡素质教育这么多年，但受"望子成龙"思想和就业创业压力等因素的影响，以分数论英雄的现状仍没改变。这样一来，学校为了提高升学率，少开设、不开设劳动技能课等素质教育课程，争取一切时间实施"填鸭式"应试教育。有的学校甚至还把劳动当作惩罚手段，这也使得我们在"城市笼子"里培养出来的下一代，四体不勤，五谷不分，这样下去，他们将来又该如何生存？

你一言我一语的一番讨论后，办公室再没有了声音，大家都变得沉默了。

老师们，我们天天教孩子读着"谁知盘中餐，粒粒皆辛苦"，殊不知多少孩子真到了稻田里，却兴奋地嚷着："好多的韭菜！"这是何等悲哀的一件事？这是教育的悲哀，是民族的悲哀。要知道早在七千年前，我们的老祖宗就已经开始种植水稻了，如果他们知道七千年后的今天，自己的子孙竟将稻谷称为韭菜，该做何感想？

"纸上得来终觉浅，绝知此事要躬行。"老师们，家长们，让我们多给孩子一些亲近自然、感受自然、认识自然的机会吧。

愿我们的办公室里，不再有如此"新奇"的作文。

写在本篇末

　　课堂真的是一个充满智慧的地方，教育也真的是一件极不容易的事。时间如白驹过隙，弹指一挥间，我居然将这份不容易坚持了22年，如果说在本章末还要和大家说点什么的话，我想送给教师们四句话。一是做教育的有心人。教育无小事，很多时候我们漫不经心的一个小细节就有可能影响孩子的一生，所以我们必须学会去关注自己教育教学中的每一个细节，及时给予孩子最好的引导和呵护。教育不同于工厂加工产品，坏了可以废弃抑或重做，我们面对的是一个个鲜活的生命体，他们的成长只有一次，很多时候因为我们做不好、没做好，就有可能葬送了孩子的一生，我们任何一个为师者都背不起这一笔良心债。老师们，让我们都去做教育的有心人，都去修炼自己心中那颗传道授业的"内丹"吧，相信今天漫不经心间淅沥的水滴，在不久的将来，都将织就我们教育人生最绚丽的彩虹！二是做孩子的知心人。相对我们成人来说，孩子的世界是最真、最善、最美的。当然，他们也处在不断的成长和变化之中，并且每一个孩子都有其独特的个性，所以要走进孩子的世界，并不是一件容易的事儿，它需要我们付出更多的时间、精力、智慧、爱心和耐心。认真做事只能把事情做对，用心做事可以把事情做好，而智慧做事才能把事情做圆满。我们唯有坚守初心、坚持爱心、坚定信心才能春风化雨、润物无声，感动我们的孩子，成为他们真正的知心人。三是做快乐的教育人。我们既然选择了教师这个职业，就应该不畏浮云，安于清贫，老老实实为人梯，踏踏实实为学生，重新唤起心中那份尘封已久的对教育的热爱与忠诚，去关心每一个孩子，教育他们怎样做人，怎样做一个对社会、对国家、对民族有用的人。晨曦微露，我们披着朝霞的晨彩，在书声琅琅中放飞一个个希望；三尺讲台，我们挥洒两寸粉笔娓娓阐述岁月的过往和未知；夜深人静，不倦的灯光下，我们仍在用自己的滴滴心血浇灌希望和明天……这就是平凡的岗位上平凡、快乐的我们。

四是做教育的敬畏者。都说教师是太阳底下最光辉的职业，是人类灵魂的工程师，这就意味着我们正从事的这份职业在一定程度上是超越世俗的。因此，我们必须心怀敬畏之心，才能不以物惑、不以情移，才能坚守教育这一方圣土的纯洁，全身心地投入教书育人之中。全心全意育人，踏踏实实钻研，勤勤恳恳教学，兢兢业业为师，无丝竹之乱耳，无世俗之劳形，不跟风，不随流，我们要坚定一个信念：教育本就应该是件"静"的事儿，教师本就应该是个"净"的活儿，只有这样，我们对于教育才能谓为"敬"。